INFO3 VERLAG

Michael Bockemühl

KUNST SEHEN

BAND 5

Nach einer öffentlichen Vorlesung zu Paul Cézanne
vom 19. Juni 1992 im Saalbau Witten

David Hornemann v. Laer und Amelie Scupin (Hg.)
unter Mitarbeit von Laura Jacobsohn

Michael Bockemühl

KUNST SEHEN

PAUL CÉZANNE

INHALT

„Ich mache nichts, was ich nicht sehe.“ [1]

Paul Cézanne

1 | Paul Cézanne
Selbstporträt, 1883–1884

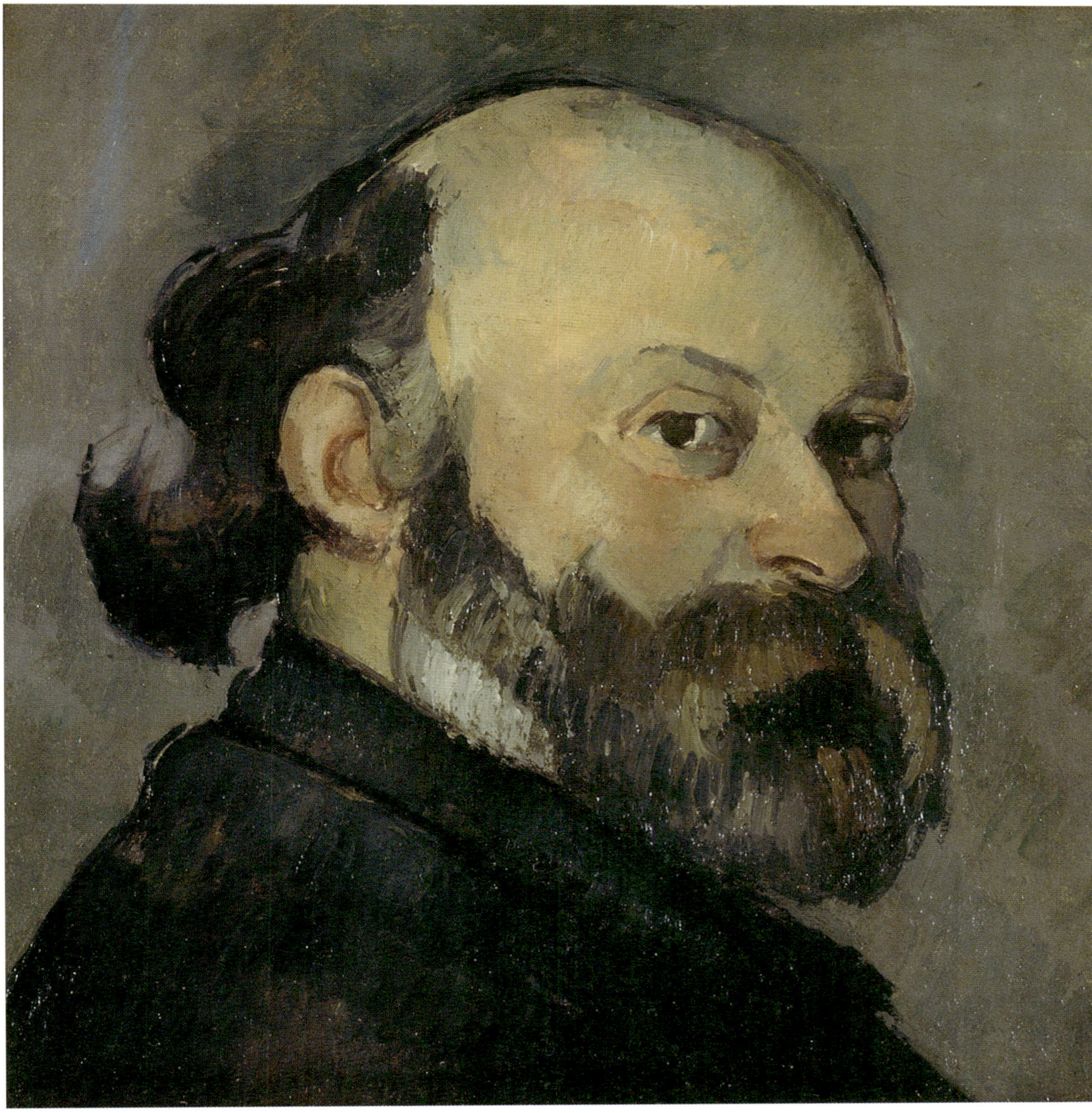

VORWORT

EIN FEST FÜR DAS AUGE

Was könnte uns dazu berechtigen, zu den unzähligen Büchern über allseits bekannte Künstler wie Vincent van Gogh, Paul Cézanne oder Pablo Picasso weitere Bände hinzuzufügen? Ist nicht gerade über diese Klassiker der Kunstgeschichte schon alles gesagt und geschrieben worden?

Die hier veröffentlichten Vorlesungen des Kunstwissenschaftlers Michael Bockemühl sind – obwohl mehr als 25 Jahre alt – in ihrer das Sehen unmittelbar miteinbeziehenden Art noch heute zukunftsweisend und Orientierung stiftend. Deutlich vor Augen geführt wurde mir das durch die begeisterten Reaktionen der Studierenden, die den Kunstwissenschaftler nur noch anhand der schon vergilbten Transkriptionen seiner Vorlesungen kennenlernen konnten. Ihr Tenor lautete: „Diese Texte sind wichtig. Wir dürfen sie nicht für uns behalten!"

Die öffentlichen Vorlesungen Michael Bockemühls haben Anfang der 1990er Jahre im Wittener Saalbau stattgefunden. Die damaligen Räume der Universität reichten schon nach der ersten Vorlesung nicht mehr aus. Ein Bericht des WDR-Fernsehens über die „sensationelle Veranstaltung" endete mit den Worten: „So wenig Notizen, so viel Begeisterung für die Art der Vorlesung. Kunstgeschichte als Happening – gibt's noch 'ne Steigerung?"[2]

Heute ist Bockemühls Methode der Kunstbetrachtung aktueller denn je und es scheint in Zeiten von „Fake News" und „Alternative Facts" eine Schulung des Sehsinns für eine an den konkreten Eindrücken orientierte, selbstständige Urteilsbildung unverzichtbar. Auf meine Frage, warum die Studierenden es für unbedingt notwendig erachteten, diese Texte zu veröffentlichen, lautete eine Antwort: „Wir haben verlernt, wirklich zu sehen. Unser Blick für die Schönheit und Natürlichkeit der Welt ist durch unseren Lebensstil und die Gesellschaft getrübt. Michael Bockemühl zeigt uns anhand von Kunstwerken, wie wir unseren Blick dafür wieder öffnen können."[3]

Aber wie würde es uns gelingen, die Lebendigkeit des gesprochenen Worts in eine angemessene Form zu bringen – eine Form, die dem Inhalt dieses für Professor Bockemühl so wichtigen Hauptwerks entsprechen kann?[4]

ODER WIE DIE KUNST DIE FRAGE NACH DEM SEHEN SCHARFSTELLT

Die Qualität der Tonbandaufzeichnungen war mangelhaft und manche Sätze waren kaum noch zu hören. Auch war nicht immer eindeutig, um welche Kunstwerke es sich handelte und wo wir davon Abbildungen finden könnten. Dennoch entschlossen wir uns, diesen „Schatz" zu heben und die in freier Rede gehaltenen Vorträge behutsam zu überarbeiten, die zugehörigen Bilder ausfindig zu machen und sie für eine Buchreihe vorzubereiten. Dabei ging es nicht nur um die Herstellung eines möglichst lückenlosen Textes, sondern immer auch darum, die Experimente und Sehanregungen im eigenen Üben zu erproben – gemäß Bockemühls Credo: „Der Künstler ermöglicht, was der Anschauende verwirklicht."[5] Das wurde für uns jedes Mal erneut zu einem „Fest für die Augen": Unser Sehen begann sich zu verändern. Es wurde genauer, unbedingter, schärfer – und selbst die scheinbar bekanntesten Kunstwerke erschienen aufregend neu und lebendig. An die Stelle abschließender Interpretationen trat das eigene Sehen als offener Prozess.

„Der Künstler ermöglicht, was der Anschauende verwirklicht."

Michael Bockemühl

Michael Bockemühl verzichtet in seinen Vorlesungen auf die Vermittlung kunsthistorischen Wissens. Wir erfahren weder seine Deutungen der Kunstwerke noch macht er uns näher mit den biografischen und gesellschaftlichen Hintergründen der Künstler bekannt. Das alles ist sehr gut erforscht und beschrieben und würde die Herausgabe einer weiteren Buchreihe nicht rechtfertigen. Neu und bis heute fast unbekannt ist dagegen der Zugang, den uns der passionierte Wahrnehmungsforscher hier eröffnet: Wir werden als Leserinnen und Leser auf eine Expedition mitgenommen, die uns zum eigenen Sehen führt. Mehr noch: wir werden zu einem vorurteilsfreien Wahrnehmen angespornt, wie wir es vielleicht noch aus unserer frühen Kindheit erinnern. Das aber versetzt uns in die Lage, bewusster mit unserem Sehen und Verstehen umzugehen – letztlich selbst Sinn im Sinnlichen zu entdecken.

„Wer die Welt verstehen will, muss mit eigenen Augen sehen lernen"[6] bemerkt Paulo Coelho. Wie man das macht, dafür liefert Bockemühl in seinen Vorlesungen konkrete Anregungen. Wir werden in Experimente und Sehübungen verwickelt und lernen, den Schleier unserer Denkroutinen zu heben, sodass an den Kunstwerken Dinge sichtbar werden, die unserem Bewusstsein zuvor durch den Filter unserer Gedanken und Meinungen entzogen wurden. So wird es möglich, an eigene Erfahrungen unmittelbar anzuknüpfen. Dabei misst sich der Wahrnehmungsexperte nicht die Deutungshoheit über das Erlebte an, sondern beschränkt sich stets auf die Frage, wie das Wahrgenommene ins Bewusstsein tritt: „Wichtig ist, dass wir uns darüber verständigen, wie es bei jedem einzelnen Betrachter von der Wahrnehmung zum Begriff gekommen ist. Wichtig ist, dass wir uns über das Wie des Anschauens verständigen."[7] Das aber brauchen wir in einer Zeit, in der wir durch Smartphones, Tablets und so weiter ohne jede Sinnesanstrengung immer mehr in eine Parallelwelt zweidimensionaler Bilder hineingezogen werden, „in der wir alles per Klick festhalten und gleichzeitig global verbreiten können, ohne unseren Standpunkt zu verändern, und in der uns alles, was am anderen Ende der Welt passiert, in Jetztzeit erreichen kann – was genau genommen unsere Wahrnehmung nicht erweitert, sondern verkürzt, weil wir uns selbst und die Perspektivität als Wahrnehmende aus dem Blick verlieren."[8]

Der Grafiker Frank Schubert hat sich auf den mühsamen Prozess eingelassen, mit uns gemeinsam eine Buchform zu entwickeln, die dem Charakter dieser Vorlesungen entspricht: Es ist der Versuch, die Hinweise Bockemühls mit den Abbildungen in eine Balance zu bringen, es den Leserinnen und Lesern zu ermöglichen, Anschauliches und Gedankliches selbst zu verbinden. Das wiederum eröffnet die Möglichkeit zu einer kritischen Distanz sowie zu eigener anschaulicher Überprüfung.

Die Wechselbeziehung zwischen sehendem Subjekt und wahrgenommenem Objekt tritt hier in den Fokus und lässt uns erleben, dass Kunst nur dann wirksam wird, wenn sie ein Gegenüber hat, das seine Augen verweilen und ruhen lässt, dass seine Eindrücke mittels der Augen zu erfassen und zu durchdenken sucht.

Über die Chancen einer solchen, an Friedrich Schiller orientierten Ästhetik bemerkte der Professor von der Universität Witten/Herdecke: „Diese Ästhetik bietet die Möglichkeit, zu unserer eigenen Bestimmung zu finden, nicht über Gesetze von außen – Bildungszwecke, tradierte Wertvorstellungen, Moralvorschriften und so weiter –, sondern mehr und mehr auf dem Wege selbst verantworteter und gestalteter Wahrnehmung."[9]

David Hornemann v. Laer
Witten im Oktober 2018

„WER DIE WELT VERSTEHEN WILL,
MUSS MIT EIGENEN AUGEN
SEHEN LERNEN."

Paulo Coelho

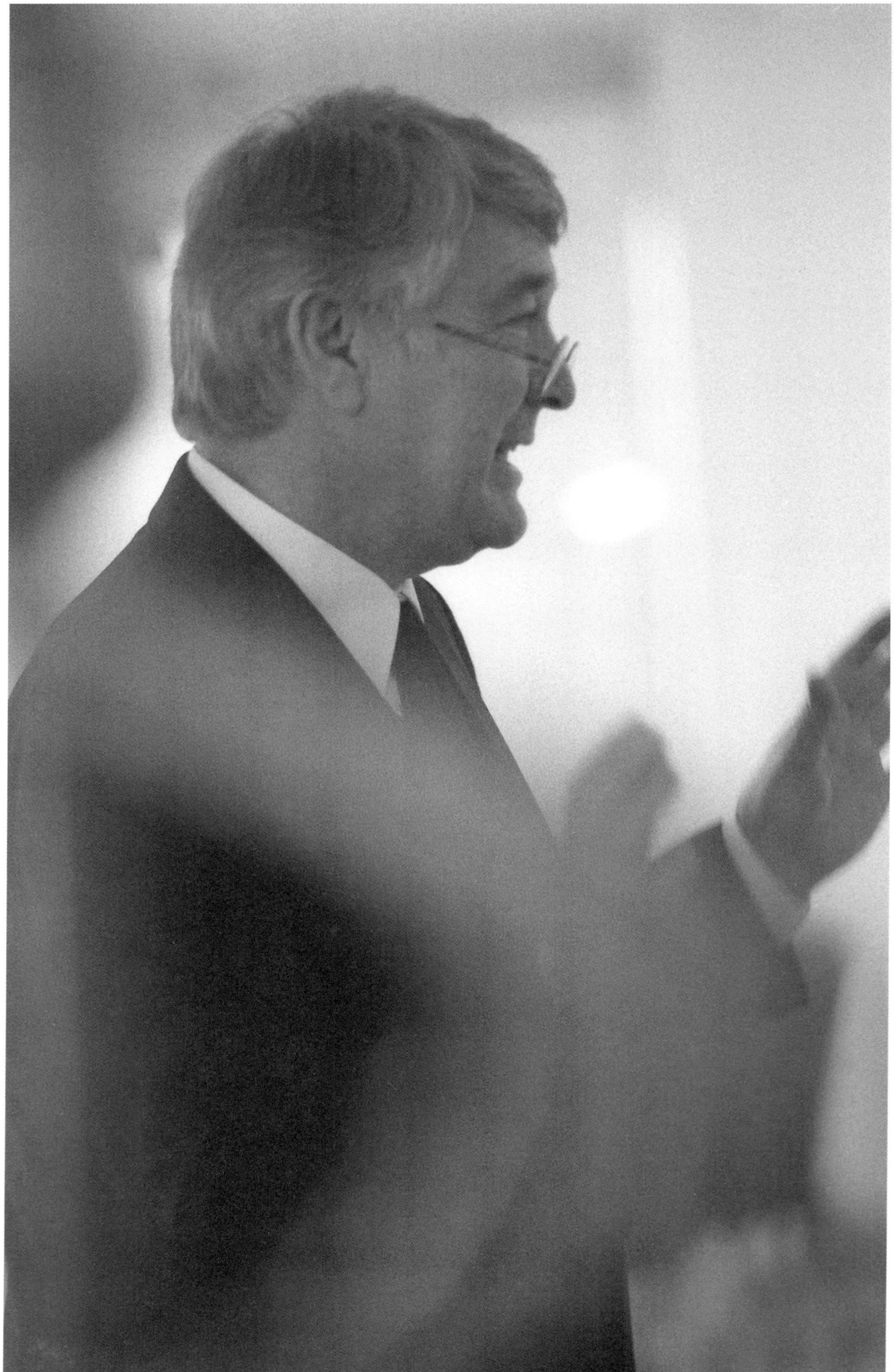

2 | Bockemühl, 2003

VORLESUNG

„Kunstdinge sind ja immer Ergebnisse des In-Gefahr-gewesen-Seins, des in einer Erfahrung Bis-ans-Ende-gegangen-Seins (…) Je weiter man geht, desto eigener, desto persönlicher, desto einziger wird ja ein Erlebnis, und das Kunstding endlich ist die notwendige, ununterdrückbare, möglichst endgültige Aussprache dieser Einzigkeit … Darin liegt die ungeheure Hilfe des Kunstdings für das Leben dessen, der es machen muss – : dass es eine Zusammenfassung ist; der immer wiederkehrende, für ihn selbst gegebene Beweis seiner Einheit und Wahrhaftigkeit, der doch nur ihm selber sich zukehrt und nach außen anonym wirkt, namenlos, als Notwendigkeit nur, als Wirklichkeit, als Dasein – . Wir sind also sicher darauf angewiesen, uns am Äußersten zu prüfen und zu erproben … .“[10]

Meine Damen und Herren,

mit diesen Worten schildert Rainer Maria Rilke, in welche Gefahren sich ein Künstler begeben muss, wenn er in seiner künstlerischen Arbeit bis ans Ende geht, wie das Paul Cézanne in seinen Werken getan hat.[11]

Sie bemerken sicherlich schon das Niveau, mit dem wir uns jetzt zu befassen haben, und spüren vielleicht, welche Dimension hier angesprochen ist, wenn wir uns dieser künstlerischen Gestalt Cézannes annähern. Alles, was ich hier anbieten kann, ist nur der Versuch eines Hinweises im vollen Bewusstsein dessen, dass wir selbst bei der Kunstbetrachtung bis ans Äußerste gehen und uns auch in Gefahr begeben müssen. Denn die

Formulierungen über die Kunst und erst recht solche über das Verhältnis zwischen Sehen und künstlerischer Gestalt sind eine so zarte Befindlichkeit, dass sie eben auch durch Definitionen, durch Eingrenzungen zerstört werden können.

Jedes Mal, wenn wir uns Bilder anschauen, können wir bemerken, dass es gar nicht so leicht ist, bewusst wahrzunehmen, welche Stelle im Bildzusammenhang man in den Blick nimmt. Ja, wenn man etwas genau sehen will, wenn man das Anschauen richtig betreibt, kann man sogar an den Punkt kommen, an dem man fast gar nichts mehr sieht! An diesem Punkt geht es um eine hochinteressante Frage: „Wie sehen wir, wenn wir etwas sehen?" Oder anders gefragt: „Wie gehen wir vor beim Anschauen? Wohin blicken wir?"

Dass wir uns in Gefahr begeben müssen, wenn wir uns mit diesem Verhältnis befassen, konnten wir den Worten Rilkes schon entnehmen. Ich bin da ebenso wie Sie in der Situation, im Ungewissen zu tasten. Wir kommen hier eben an die Grenze unseres normalen Bewusstseins, an die Grenze der Sinnlichkeit.

Cézannes frühe Gemälde sind durchaus vergleichbar mit den Anfängen von van Gogh. Sie haben etwas Schweres, Unerschließbares. Es sind düstere Bilder. Hier sehen wir eine *Maria Magdalena* des Siebenundzwanzigjährigen. Man kann sich ohne Weiteres vorstellen, welche Reaktionen ein solches Bild bei den Zeitgenossen ausgelöst hat.

3 | Paul Cézanne,
Die trauernde Magdalena, 1867–1870

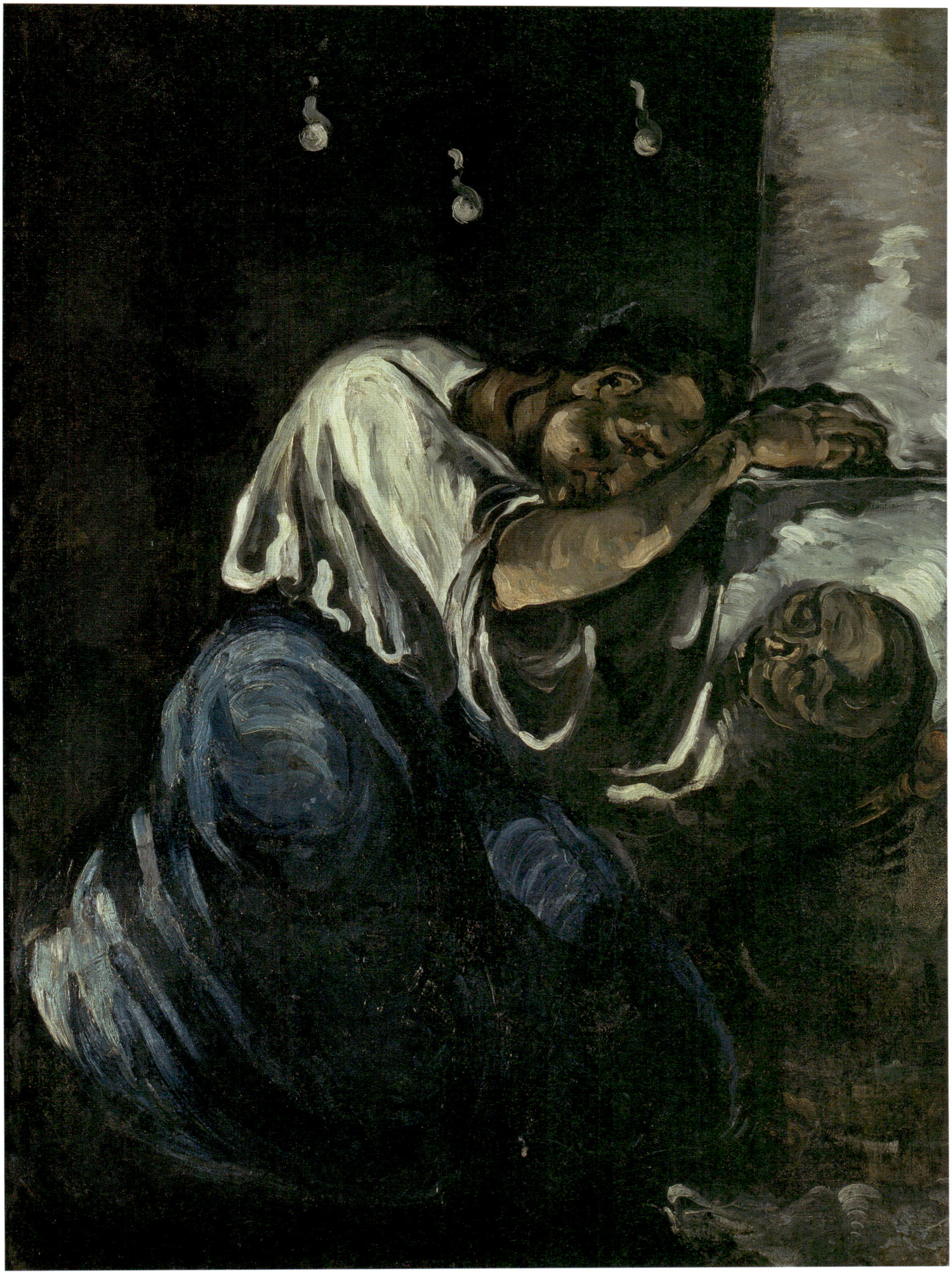

Schauen Sie sich im Vergleich dieses so realistisch und perfekt gemalte Bild von Gustave Caillebotte an. Sehen Sie die unglaubliche Vollkommenheit dieser Spaziergänger auf den regennassen Pflastersteinen? Und daneben das so wenig realistische Bild von Cézanne.

Der Künstler wurde von seinen Zeitgenossen immer wieder als unbeholfen und unfähig, als verkrachte Existenz beurteilt. Sogar sein langjähriger, treuer und verständnisvoller Freund Émile Zola bildete da keine Ausnahme. Er schrieb einen Roman über einen scheiternden Künstler, der sich wegen seiner Unfähigkeit schließlich das Leben nimmt. Cézanne erkannte im Schicksal des Protagonisten seine eigene Lebensspur und brach die Beziehung ab.[12] Er ging eben ganz anders mit der Kunst um – von vornherein. Seine Bilder ließen sich überhaupt nicht einordnen und erklären in einer Zeit, als die Außenwelt zum Vorbild genommen und möglichst genau kopiert werden musste.

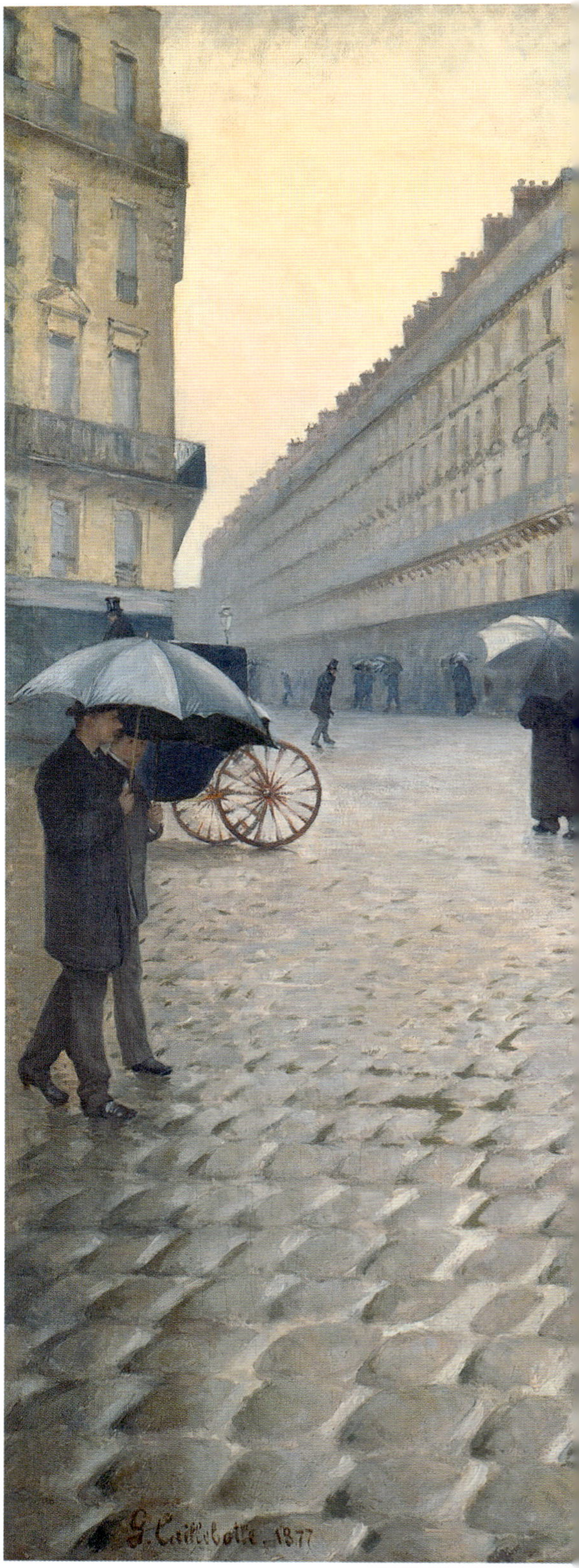

4 | Gustave Caillebotte
Straße in Paris an einem regnerischen Tag, 1877

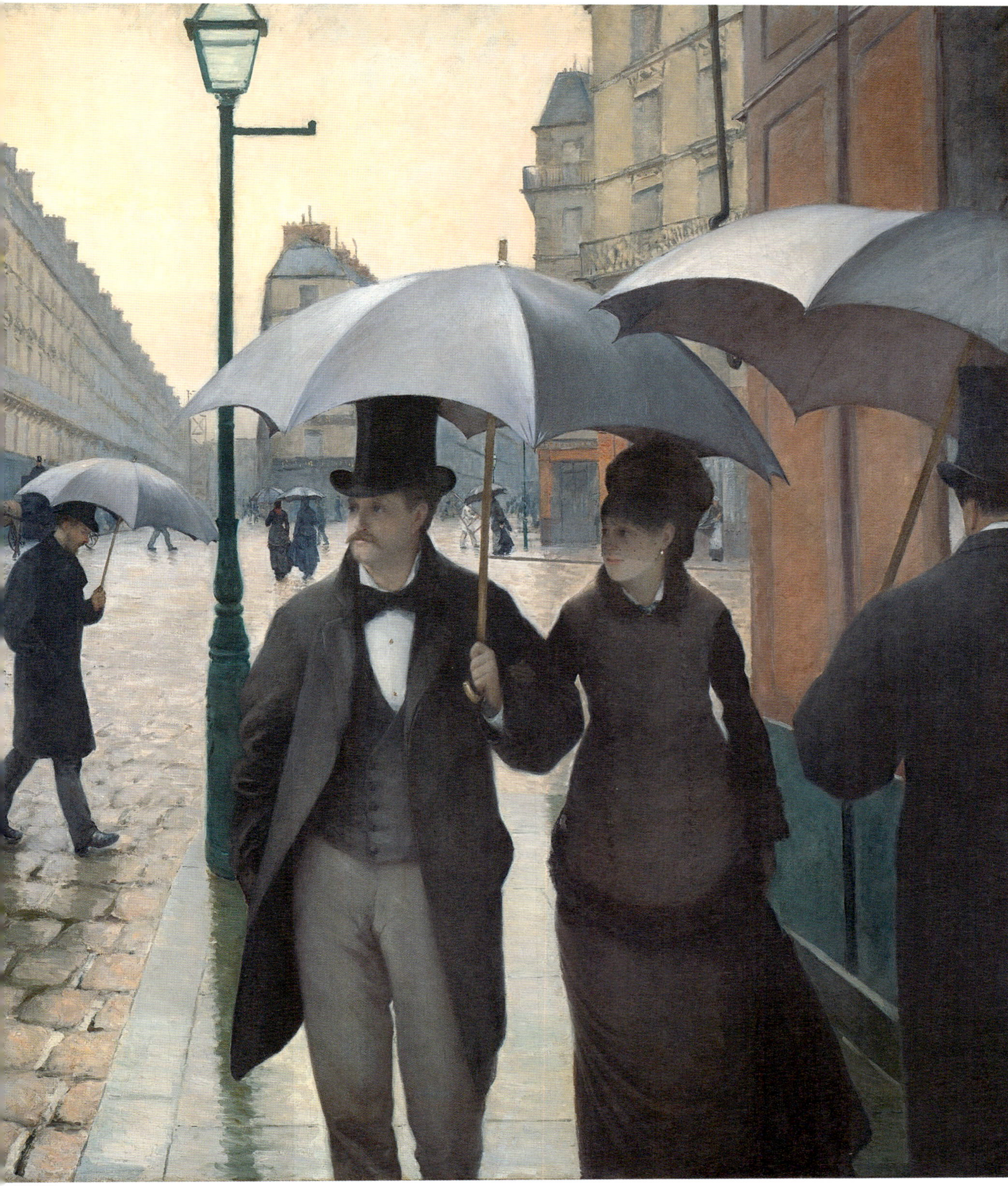

Dieses Bild zeigt eine gewissermaßen grobe Szene, in der ein Mann eine offenbar bewusstlose Frau wegträgt. Die Körper sind nackt, die Umgebung düster, dicht und recht roh skizziert. Wir sehen Gebilde, die sich die Außenwelt zum Vorbild nehmen, und doch scheint das alles nicht so sehr erklärbar. Ja, es kann einen angesichts dieses Gemäldes das Gefühl einer unbewältigten Kraft überkommen, die nach außen drängt.

Dieser unmittelbar emotionale, nach außen drängende Charakter lässt sich an vielen Gemälden in Cézannes Frühwerk beobachten. Auch hier finden wir eine Art Innenbildprojektion, wie wir sie schon bei van Goghs Anfängen beobachten konnten.

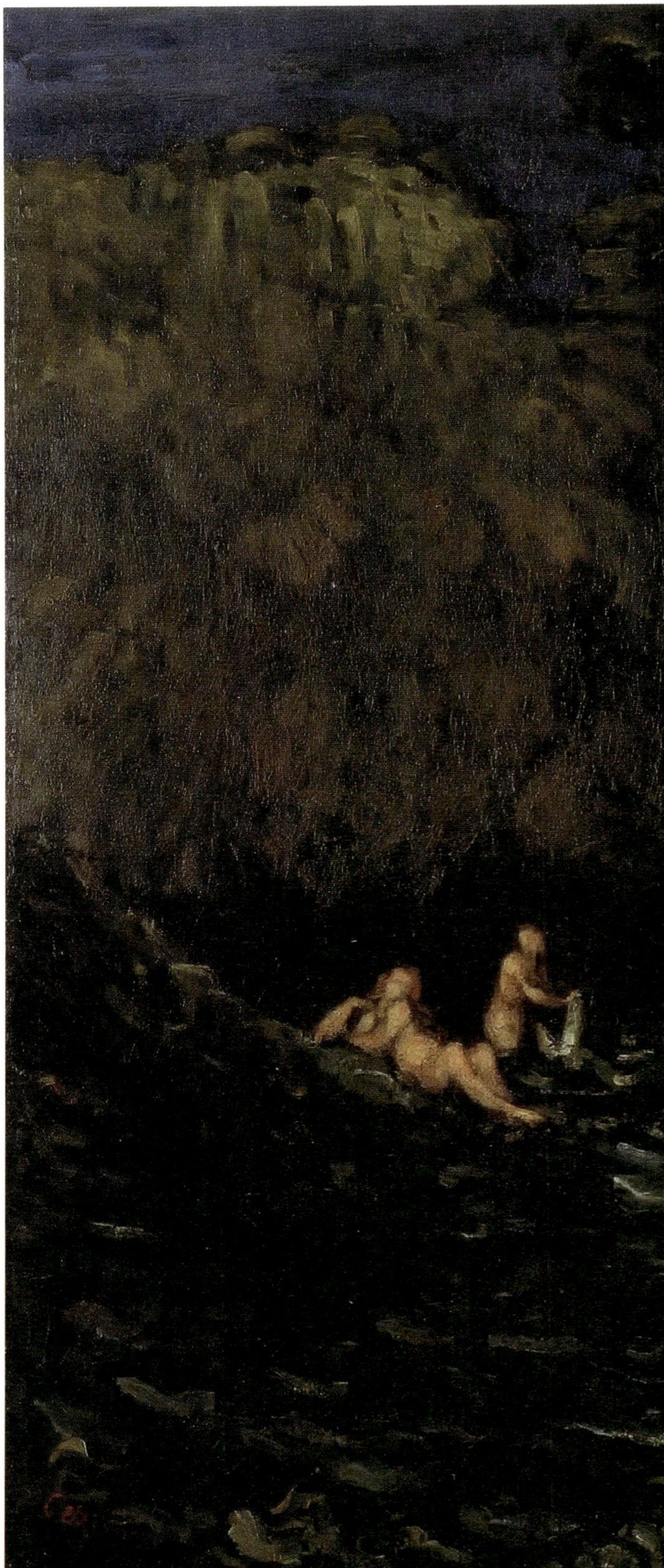

5 | Paul Cézanne
Die Entführung, 1867

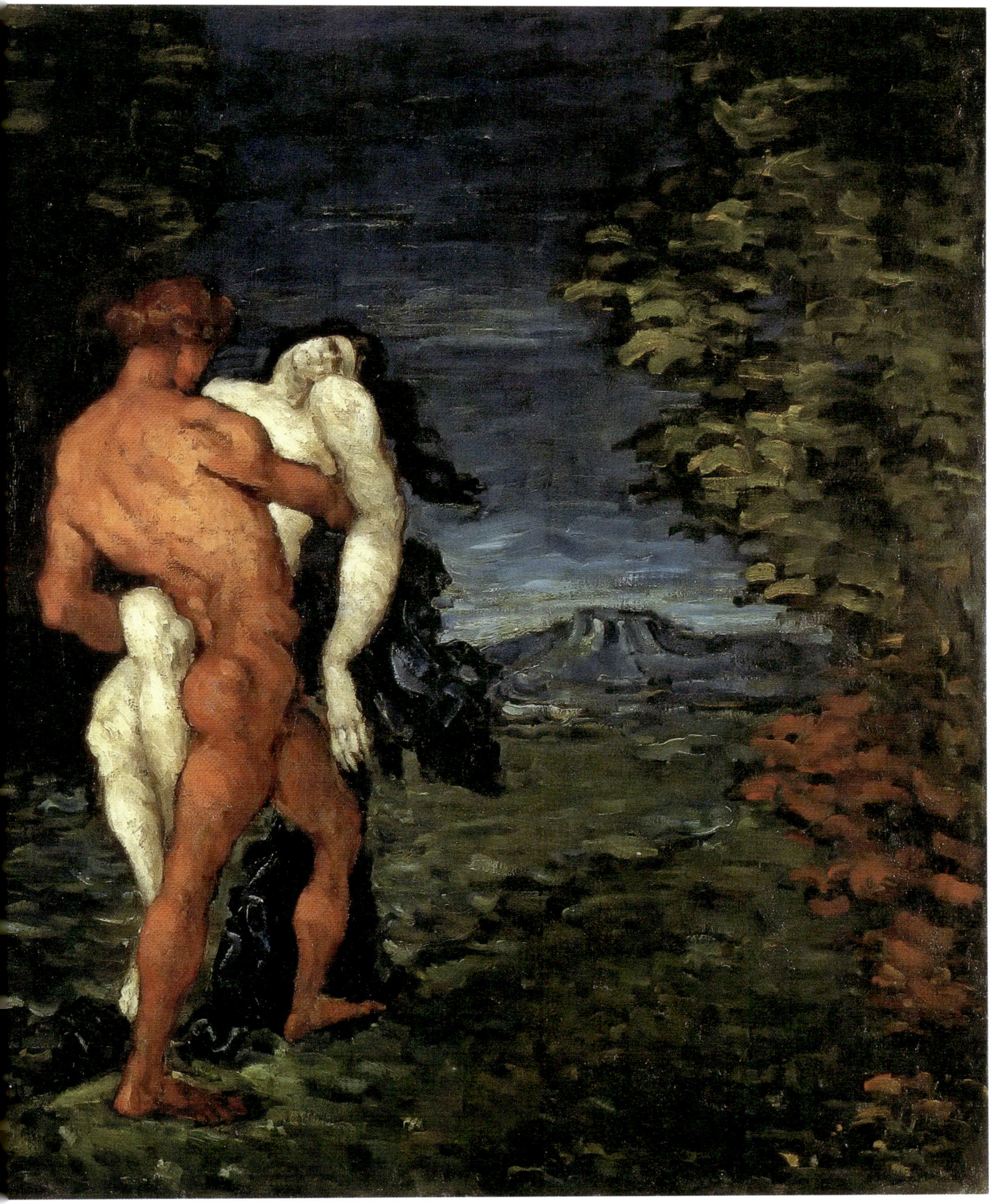

„Nach der Natur malen, das heißt nicht das Gegenständliche kopieren, es heißt, seine Empfindungen realisieren."[13]

Paul Cézanne

Auch dieses schon von der Thematik her extreme Bild wirkt neben der formvollendeten, fotografisch genauen Malerei eines Caillebotte gewaltsam und ungebärdig, die Gestik der Figuren überspannt, die Szenerie düster und roh.

6 | Paul Cézanne,
Der Mord, 1867–1870

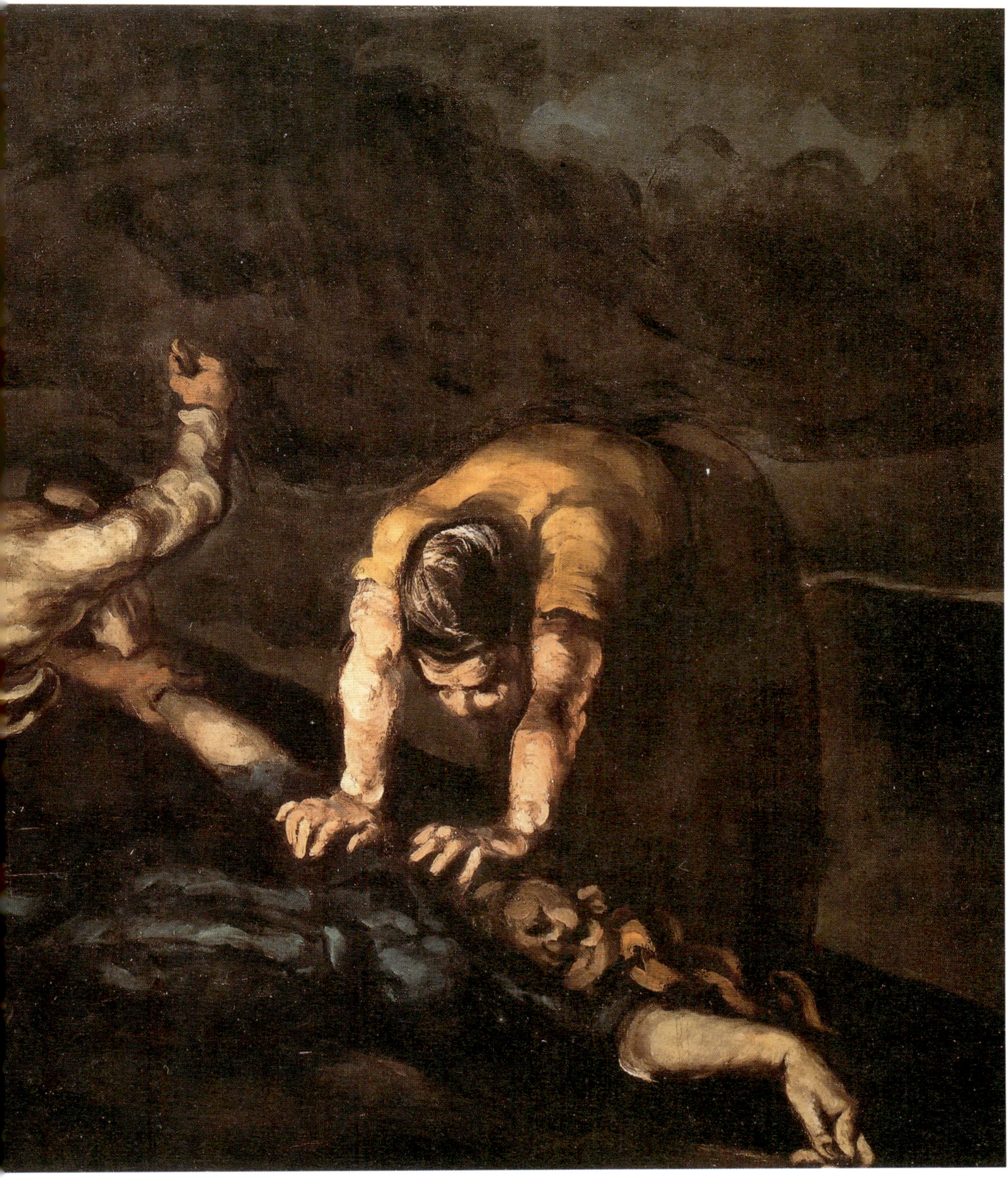

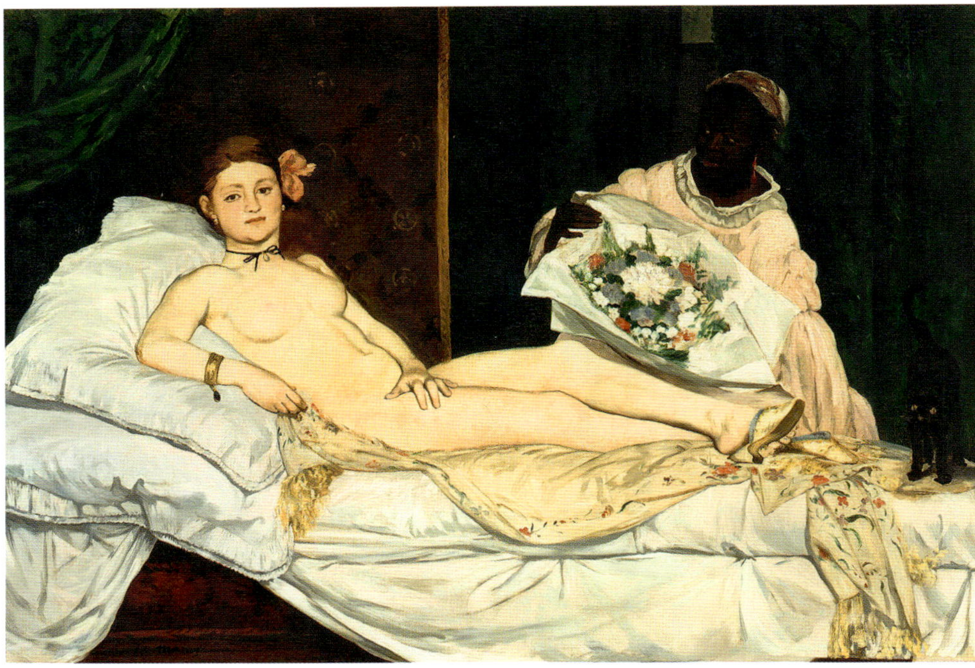

7 | Edouard Manet, **Olympia**, 1863

Zwischen Ironie und Sarkasmus stellt Cézanne eine moderne Olympia dem Betrachter vor Augen. Das quadratische Gemälde zeigt im Zentrum eine junge, schwarzhaarige, unbekleidete Frau. Sie sitzt in hockender Haltung auf der hellen Decke eines Bettes und hat ihren Kopf in Richtung eines ihr gegenüber sitzenden Mannes gewandt, der verschattet am vorderen Bildrand dargestellt ist.

Wenn man die Anatomie dieser Dame beachtet, dann sind ihre Proportionen wohl kaum von einem weiblichen Vorbild ableitbar. Es hat einen ganz anderen Charakter als eine Außenbilddarstellung, wie wir sie zum Beispiel in Edouard Manets berühmter Olympia finden, die realistisch proportioniert, selbstbewusst und zugleich entspannt dargestellt ist. Cézannes Malerei gestaltet sich im Gegensatz dazu rücksichtslos, eruptiv, von innen nach außen drängend. Statt eine äußerliche Formvollendung anzustreben, scheint sie visionär ein innerbildliches Element nach außen zu tragen.

8 | Paul Cézanne
Eine moderne Olympia, um 1870

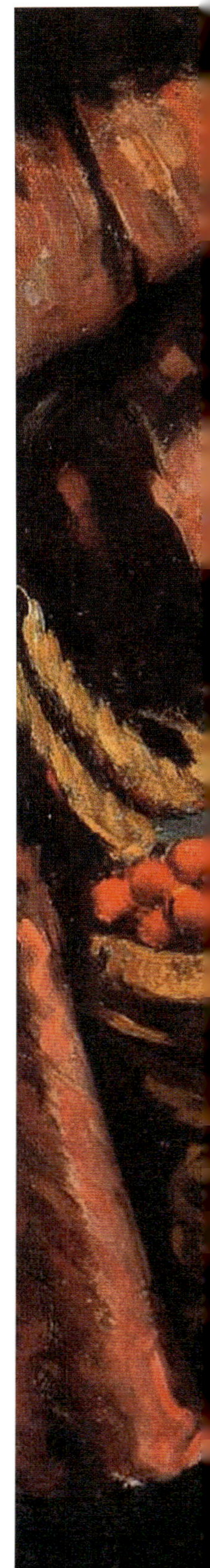

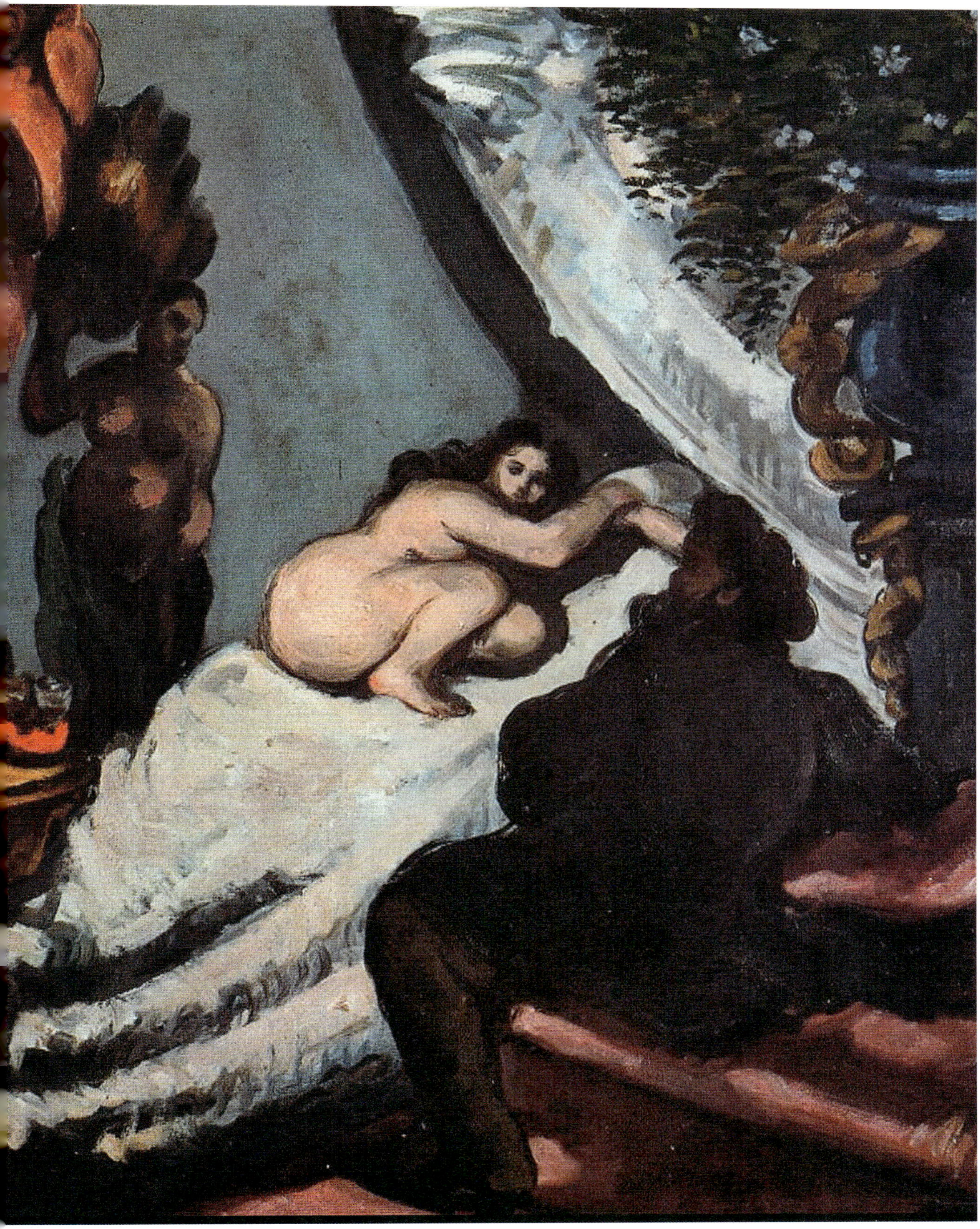

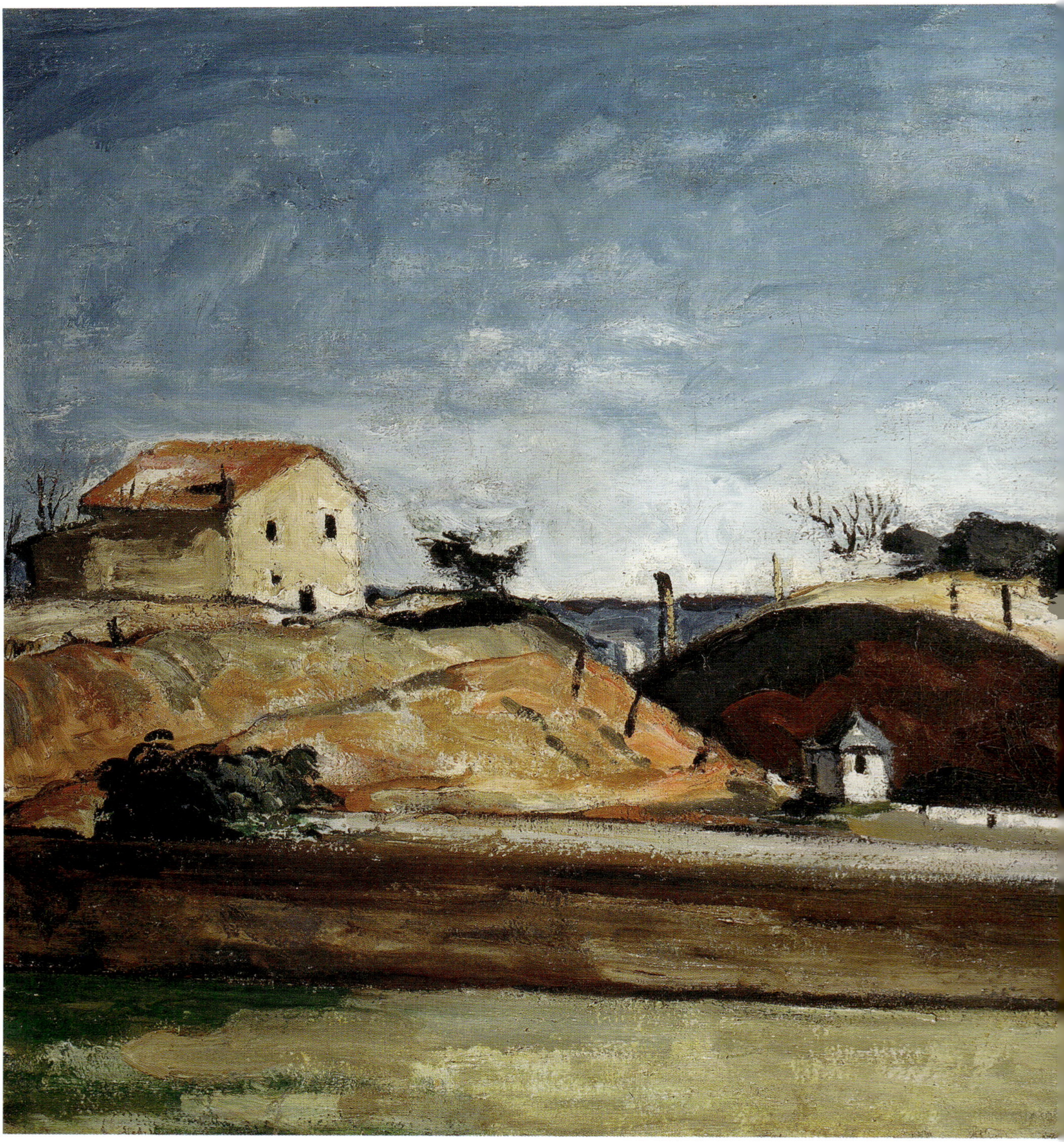

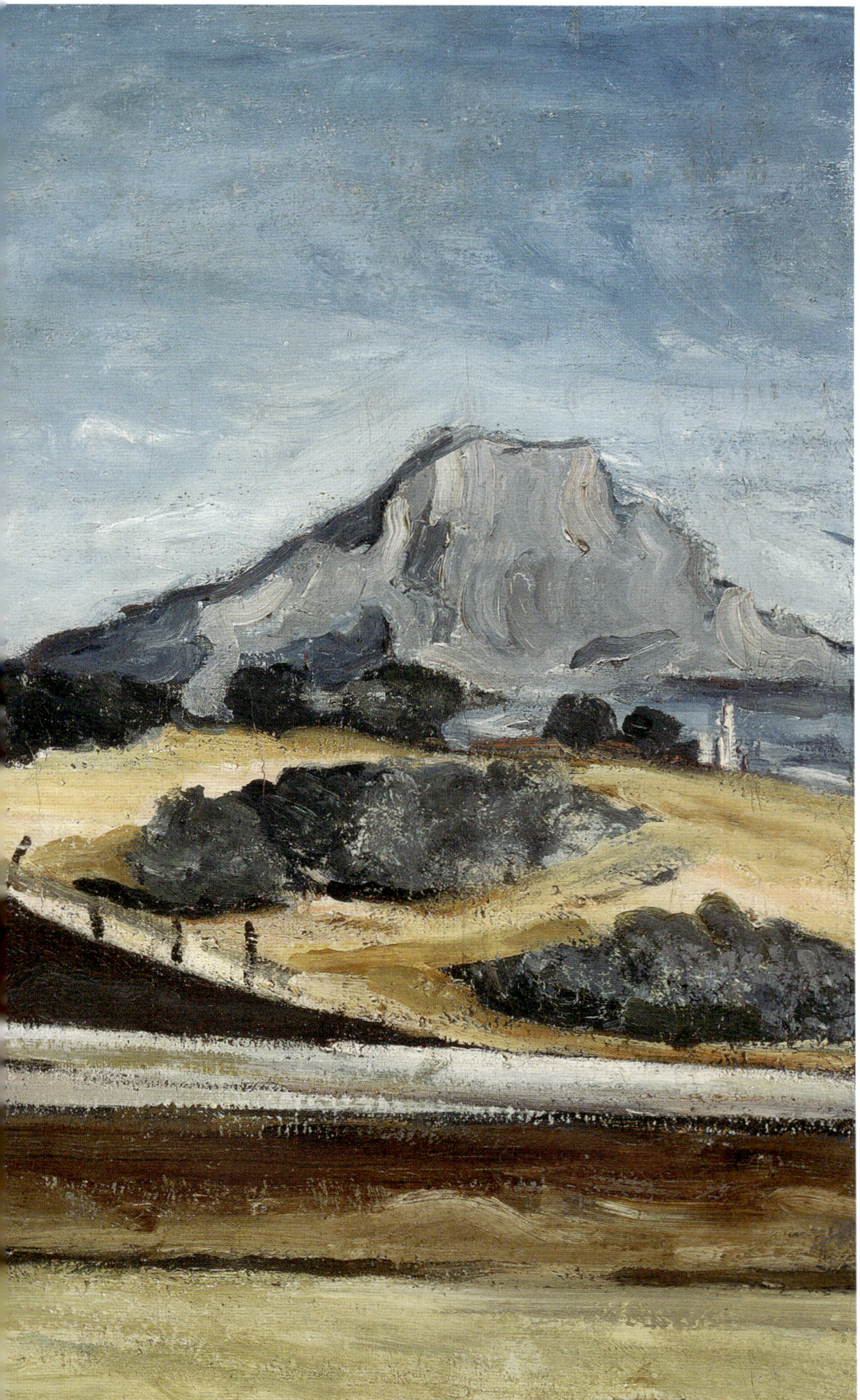

Im selben Jahr wie die *Moderne Olympia* entsteht auch der berühmte *Bahndurchstich*. Bemerken Sie die Verschiedenheit dieser beiden Gemälde? Würden Sie sie dem gleichen Künstler zuordnen? Wenn Sie sich mal nur den unteren Bildteil anschauen, was fällt Ihnen dann auf?

Es ist ganz wichtig, zu entdecken, dass dieses Bild hier von der Gegenständlichkeit her so karg ist wie nur irgendetwas. Wir finden hier mehr oder weniger ungestaltete Flächen, die wie waagerechte Balken in der Bildebene liegen, wenn man sie nicht mit dem urteilenden Erkennen automatisch der Tiefenräumlichkeit verbinden würde. Dieses Urteil stellt sich natürlich nur ein, solange der durchbrochene Hügel, das Haus, der Zaun, das Gebüsch, der ferne Berg und ein Durchblick auf einen See oder das Meer konstatiert werden. Dann ordnet sich das alles wie selbstverständlich zu.

9 | Paul Cézanne
Der Bahndurchstich, 1870

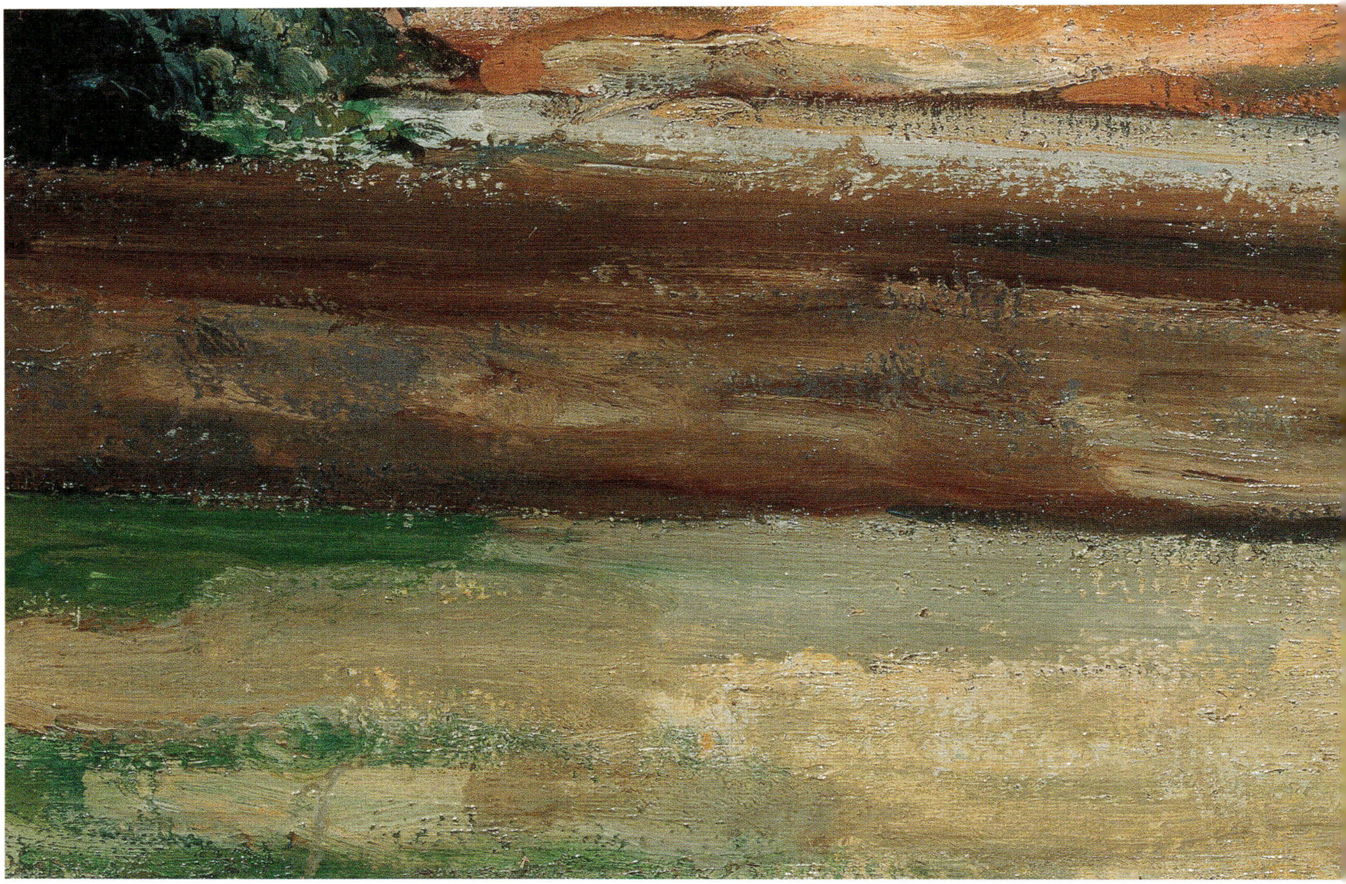

*„Um vorwärts zu kommen,
hat man nur die Natur,
und das Auge erzieht sich
in der Berührung mit ihr.
Es wird konzentrisch durch das
beharrliche Schauen
und Arbeiten.“* [14]

Paul Cézanne

Aber wir merken, es ist da ein ungeheuer karges, nüchternes, leeres, objektives Element vorhanden, das sich im Kontrast zu dieser von innen nach außen drängenden Bildlichkeit ganz anders gestaltet, sozusagen aus der Kahlheit und Kargheit dessen, was von außen auf das Auge zukommt.

Wenn man das in diesem Bild Dargestellte einfach so nimmt, wie es ist, dann hat man hier einen luftigen, klarsichtigen, ganz an der Objektivität der Erscheinungen orientierten Malstil vor sich.

Auch wenn sich dieser Stil durchaus mit anderen Beispielen des Impressionismus vergleichen lässt, so kann man gerade an diesem Gemälde entdecken, wie Cézanne in eine ganz eigene Art des Malens kommt, die bald sein ganzes Schaffen er-

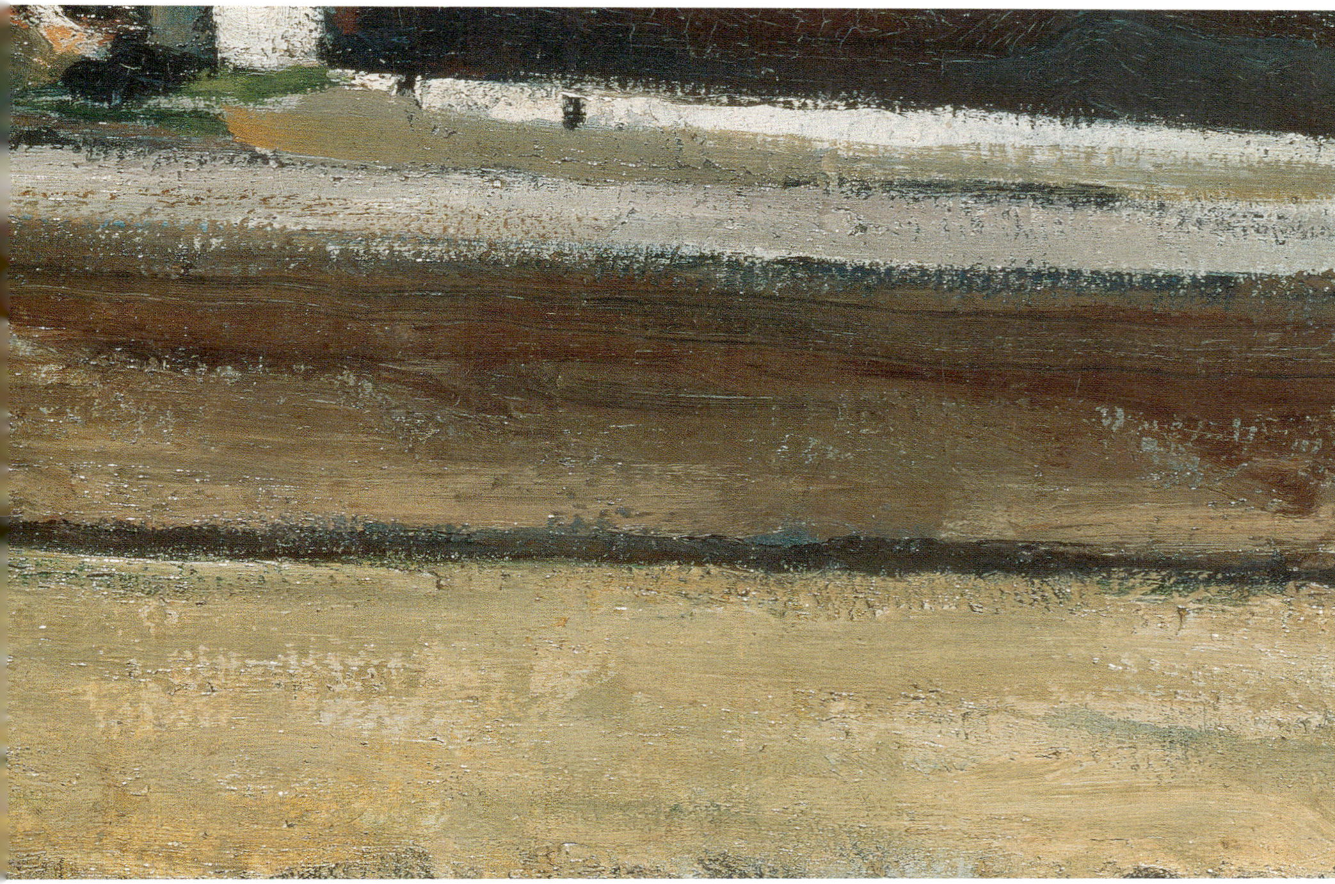

greifen wird. Er ist vor allem darum bemüht, nicht nur die Dinge draußen so objektiv wie möglich darzustellen, sondern er führt vor, dass auch die Atmosphäre selbst zur Gegenständlichkeit dazugehört. Es werden deshalb die Gegenstände nicht nur so gezeigt, wie wir sie kennen, wie sie gewusst sind, sondern wie sie in der Landschaft wirklich erscheinen. Mit anderen Worten: Man kann es als Cézannes besonderes Anliegen verstehen, die Welt der Dinge so dinglich wie möglich darzustellen, und zu dieser Dinglichkeit gehört eben auch ihre Atmosphäre, die Art und Weise, wie sie in Erscheinung treten.

„Cézanne, van Gogh wollten nicht einen Augenblick lang das machen, was man heute in Cézanne und in van Gogh sieht. Sie wollten allein dem, was sie sahen, treu sein." [15]

Pablo Picasso

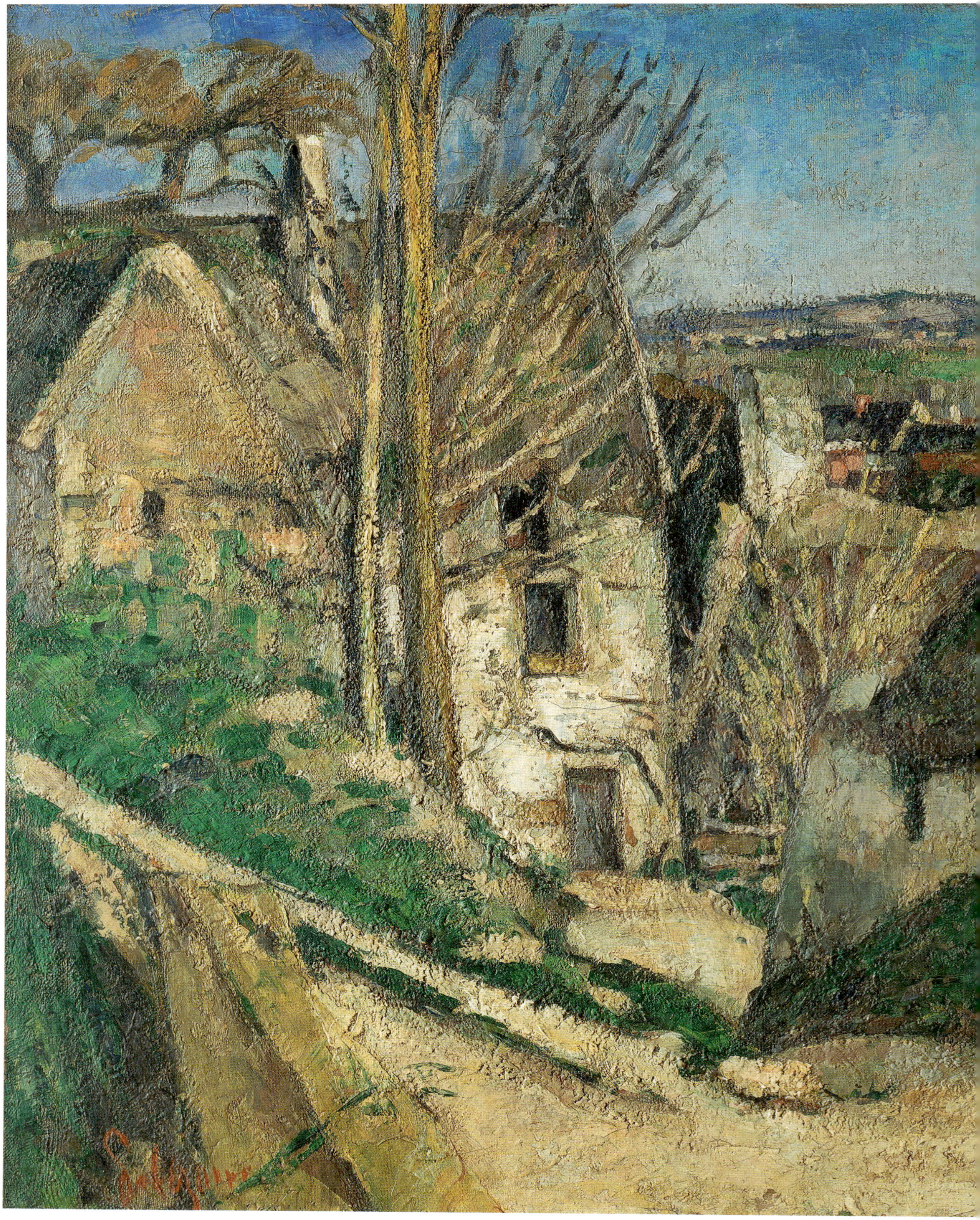

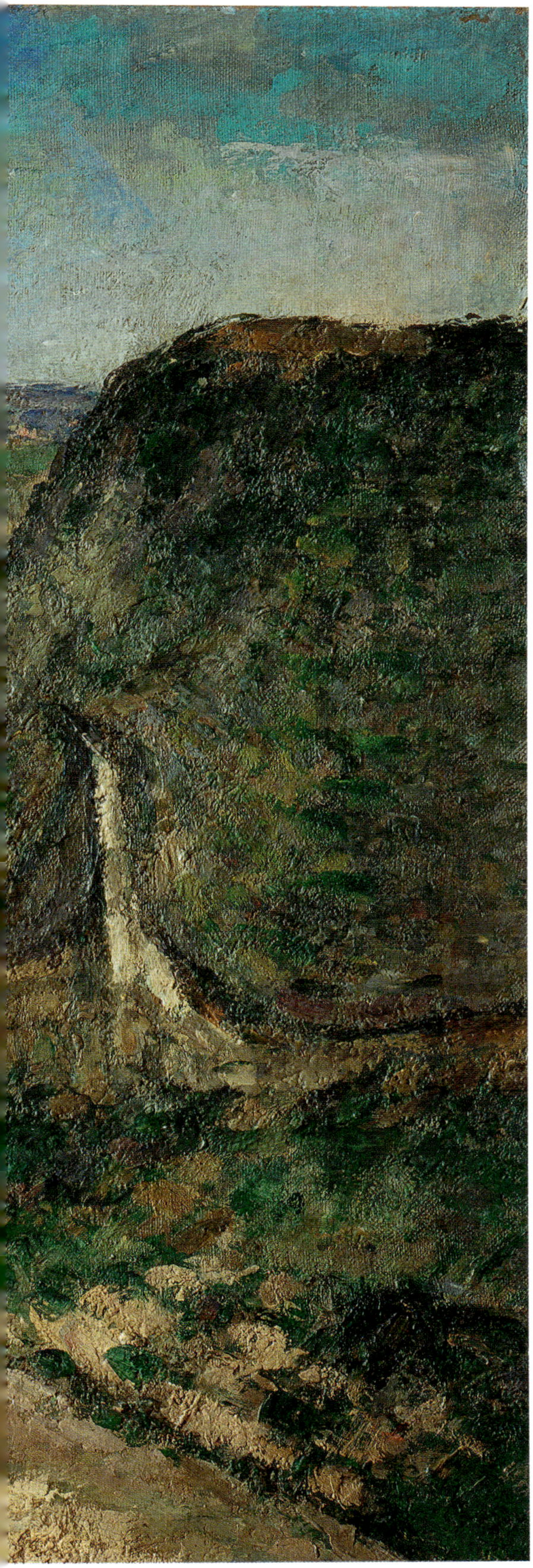

Beachten Sie, wie Cézanne beispielsweise links im Bild die grünen, unterschiedlich großen, mal mehr, mal weniger deckenden Farbflecken verwendet. Sie können nicht nur den Eindruck einer Wiese hervorrufen, sondern die tüpfelnde Malweise erweckt zugleich den Anschein, als hebe sich das Grün stellenweise vom Boden und schwebe vor dem unteren Teil der Hauswand. So kann im Zusammenhang mit den hellen Lichtreflexen auf Weg und Gemäuer der Eindruck einer besonnten, luftigen und duftigen Atmosphäre entstehen.

Verdeckt wird dieser Eindruck nicht selten durch den Titel dieses Bildes: *Das Haus des Gehängten*. Und wie das so bei Bildbetrachtungen ist: Wenn man erst einmal weiß, dass es das Haus eines Gehängten darstellt, dann kann man sich ausmalen, was da drinnen wohl alles passiert sein könnte. Und stellen Sie sich vor, das Haus hat sogar einen Riss! Das ist natürlich tief bedeutsam! Das symbolisiert garantiert die Brüchigkeit der physischen Welt und dergleichen! So kommt es, dass wir oft gar nicht wahrnehmen, wie das Bild gemalt ist, weil die düsteren Vorstellungen vom Gehängten davorstehen. Wie die Gebäude und Bäume ganz konkret in Erscheinung treten und zum Erlebnis werden, bleibt dann oft unbeachtet.

10 | Paul Cézanne, **Das Haus des Gehängten**, 1873

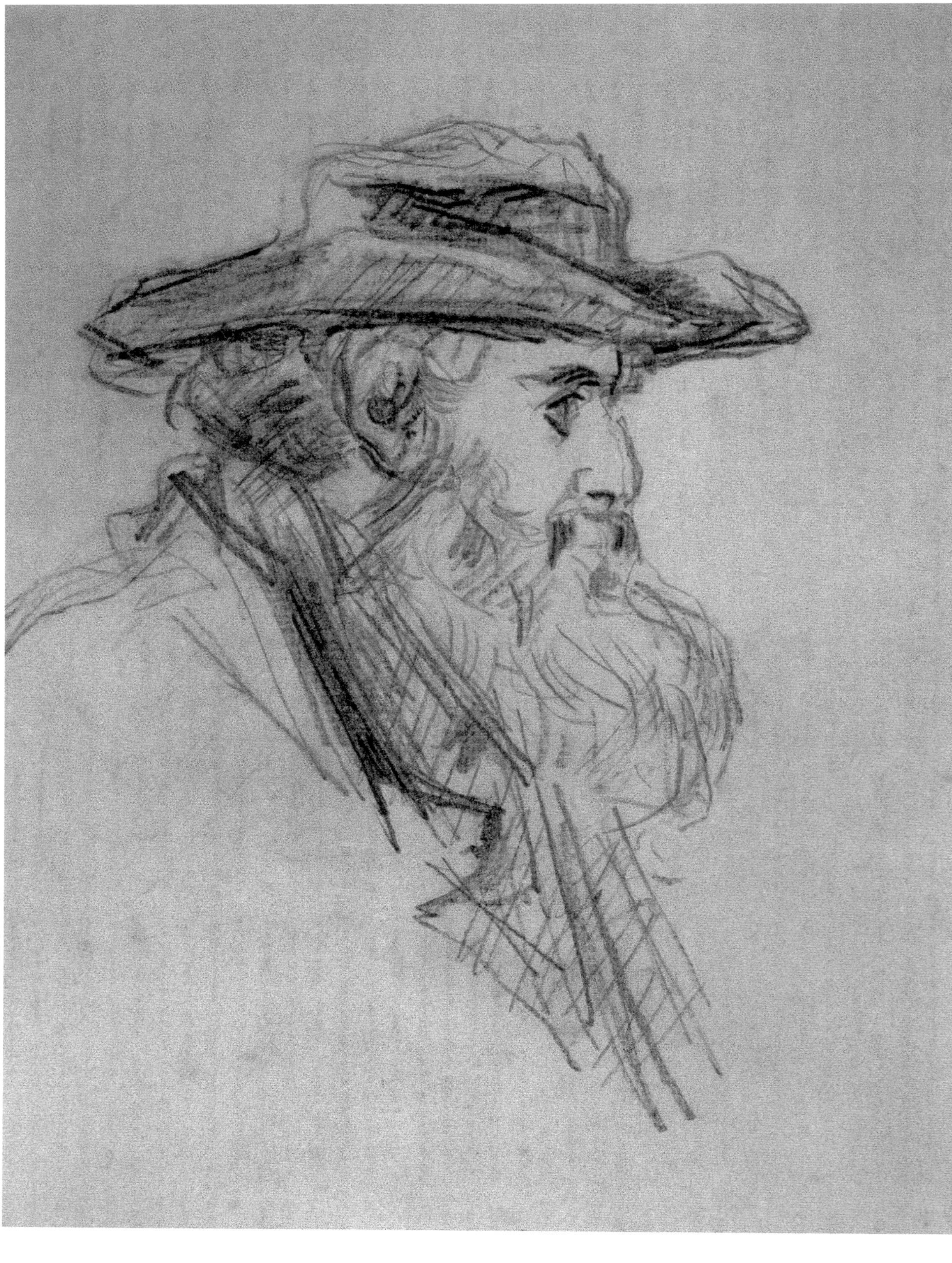

Nun ein kleines Aperçu: Hier eine Skizze von den Zügen Camille Pissarros (1830–1903), dem älteren Freund. Sehen Sie, welche Genialität in Cézannes Feder war? Eine Fähigkeit, mit wenigen Zügen etwas Charakteristisches einzufangen. Schauen Sie sich an, wie treffend dieses Auge sitzt: Da ist jeder Strich mit einer ungeheuren Sicherheit gesetzt. Aber genau dieses Können hat Cézanne normalerweise nicht ausgelebt. Er hat das eigene Talent vermieden und nicht weiterentwickelt, was aus ererbten Fähigkeiten, aus der Genialität der Jugendlichkeit stammt, was ihm so eben aus der Hand kam.[16]

Tatsächlich war Cézannes Kunst ein ständiges Anringen gegen die eigene Befähigung. Nur an einigen genialen Zeichnungen oder eben an einer solchen Porträtskizze lässt er sie heraus. Es gibt nicht sehr viele dieser Art.

11 | Paul Cézanne, **Bildnis Camille Pissarro,** um 1873

Weiterhin lässt sich beobachten, wie sich diese Landschaft, die da zunächst – im Stil Pissarros – so locker und luftig begegnet, sich nun immer mehr verdichtet, sodass die Gegenstände wie zusammenrücken. Alles, was dargestellt ist – die blühenden Pflanzen, die Bäume, die Hausdächer –, bekommt eine gewisse Dichte und zugleich auch eine gewisse Durchsichtigkeit, sodass man den Eindruck gewinnen kann, es tritt zu diesem impressionistisch luftigen Element der anfangs vorhandene Ernst als eine Dunkeltönung der Palette hinzu.

Die Gegensätzlichkeit zwischen den unerschließbaren, düsteren, dichten und rohen Innenbildprojektionen und der luftigen, klarsichtigen, ganz an der Objektivität der Erscheinungen orientierten Malweise, die wir beim jungen Cézanne beobachten konnten, geht jetzt nach und nach eine neue Verbindung ein und gibt dem Objekt eine ganz andersartige Schwere, sodass sich das „Kunstding“, von dem Rilke spricht, verdichtet. Es wird sozusagen „augenfest“. Und diese Qualität zeigt sich im Blick auf eine ganz andere Kunst, die nun Cézanne zur Großblüte entwickelt hat – das Stillleben.

12 | Paul Cézanne, **Haus des Père Lacroix**, 1873

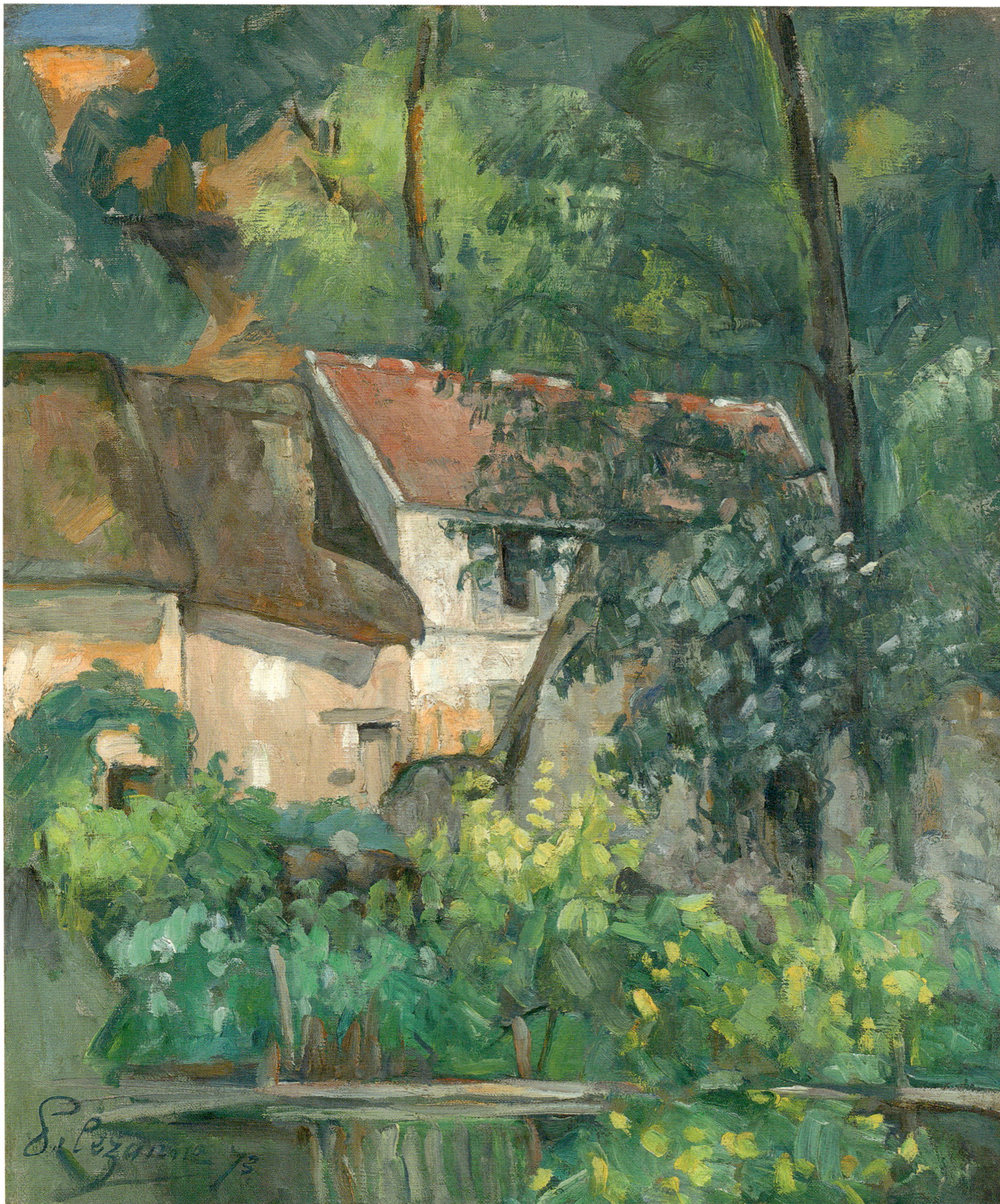

Wir sehen hier eine Schale. In der Schale liegt Obst. Die Schale steht auf einem Tisch. Ein weiches Tischtuch, darauf weitere Früchte, ein Messer, ein halb gefülltes Glas, im Hintergrund eine Tapete mit Laubmustern.

Bemerken Sie, dass eine solche Beschreibung überhaupt nicht dem gerecht wird, was sich da vor Augen stellt? Dass es überhaupt keinen Sinn macht, mit einer solchen Schilderung zu meinen, man könnte sagen, was man sieht? Zwar erscheint das, was im Bild angedeutet ist, wie tastbar, aber die Formen der Gegenstände lassen sich nur schwer sehen. Auch wirkt der Blick als ob er einsinke in die Oberfläche. Anders ausgedrückt: Es scheint hier alles so offensichtlich und es entsteht der Eindruck, man könnte einfach hingehen und das alles in die Hand nehmen. Aber wenn man es sozusagen dinglich vereinzeln würde, wenn man die Gegenstände aus dem Bild herausnehmen würde, dann löst sich dieser Eindruck wieder auf. Denn je genauer man hinsieht, desto deutlicher wird eine gewisse Sprödigkeit und Brüchigkeit im Bild.

Bemerken Sie, dass die Dinge hier nicht flüssig ineinander übergehen? Beachten Sie das Tischtuch. Es scheint nicht, wie man das von einem ordentlichen Tischtuch erwarten könnte, wie aus weichem, fließenden Stoff gemacht. Es wirkt vielmehr verkantet und scheint eher wie aus hartem Papier zu sein.

Natürlich sind das alles Überlegungen, die anknüpfen an unsere Gegenstandserwartungen. Wir kennen so etwas: Da wird an bestimmte Dinge erinnert – an Pfirsiche, an ein Glas, eine Schale, einen Tisch und so weiter – und wir realisieren in dem, was dort andeutungsweise angelegt ist, unsere gewohnheitsmäßige Vorstellung. Aber diese Vorstellung hat es in sich! Sie bewahrt uns in aller Regel davor, genauer hinzuschauen, sodass wir mehr in der Vorstellung verbleiben, als uns darum zu kümmern, was wir tatsächlich vor Augen haben. Die Bildlichkeit Cézannes hat nun aber die ausgeprägte Eigenart, nicht nur mit dem zu arbeiten, was da ist, nicht nur die eigene malerische Genialität auszuleben, sondern nun auch etwas zu tangieren, was bis dahin immer sakrosankt war: die Vorstellung vom Gegenstand.

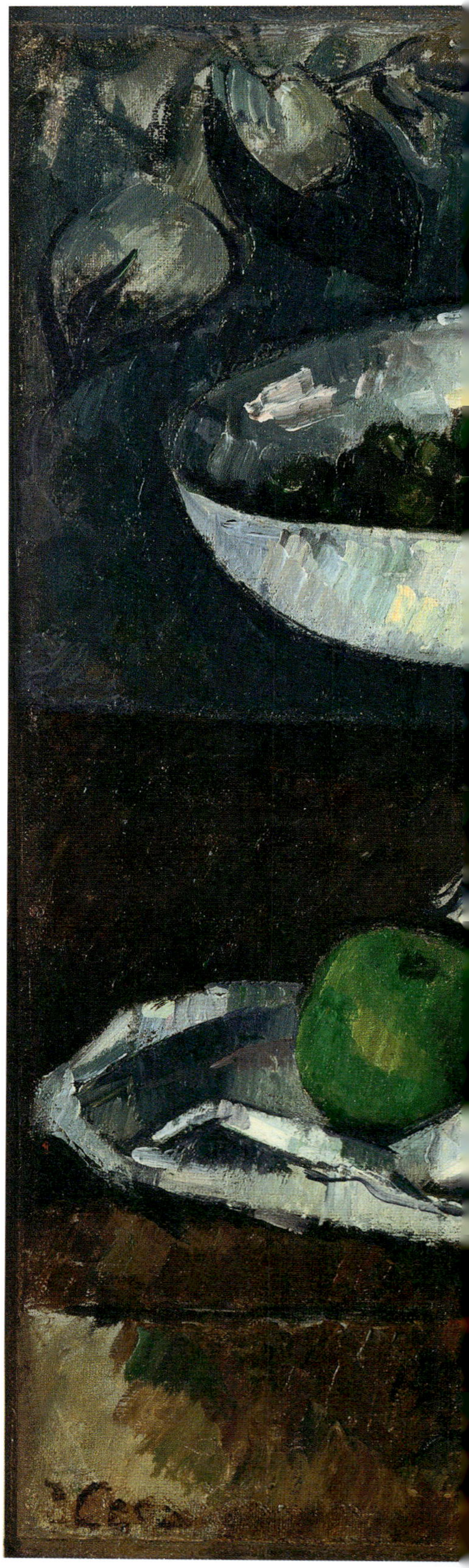

13 | Paul Cézanne, **Stillleben mit Obstschale**, 1879/80

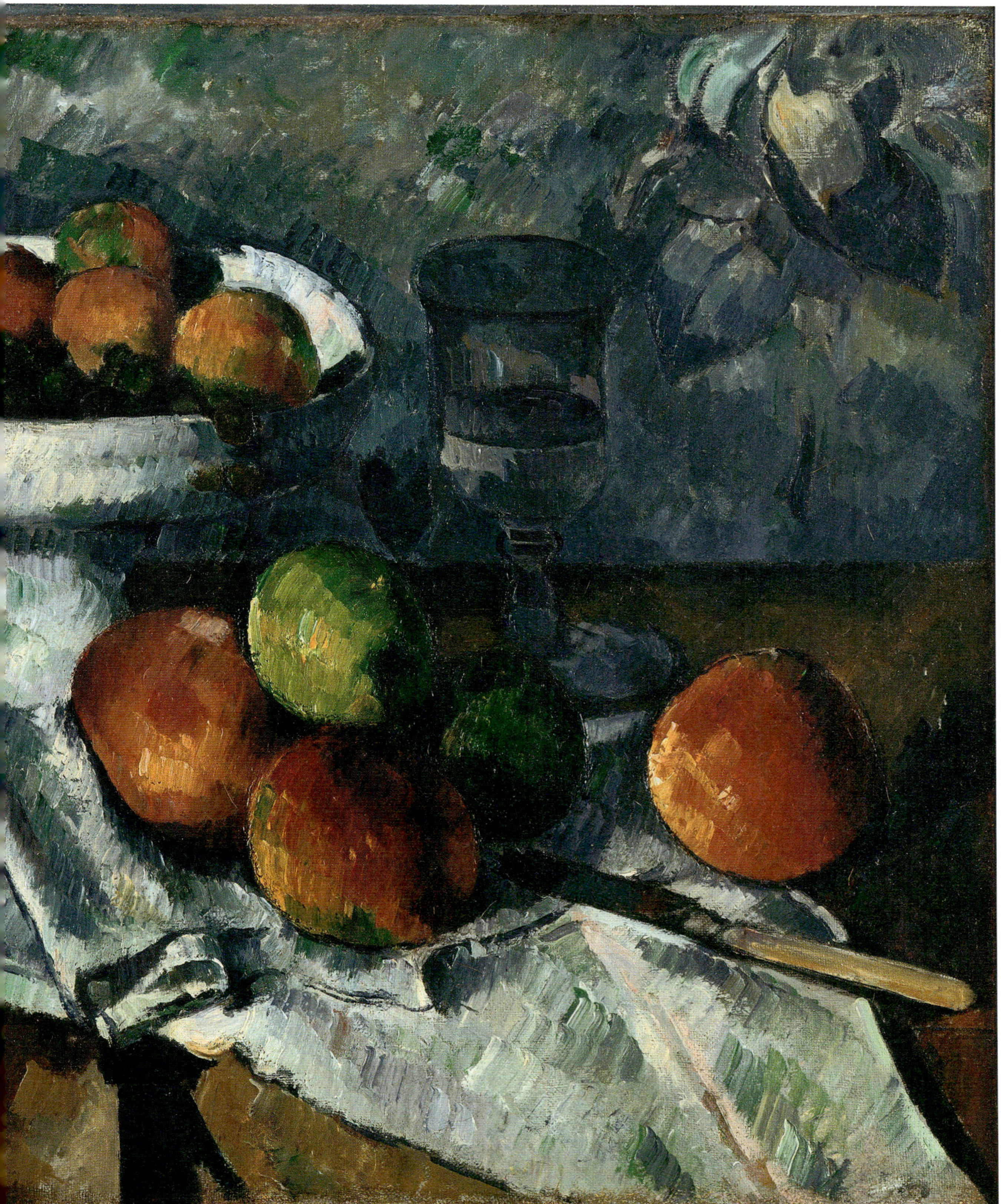

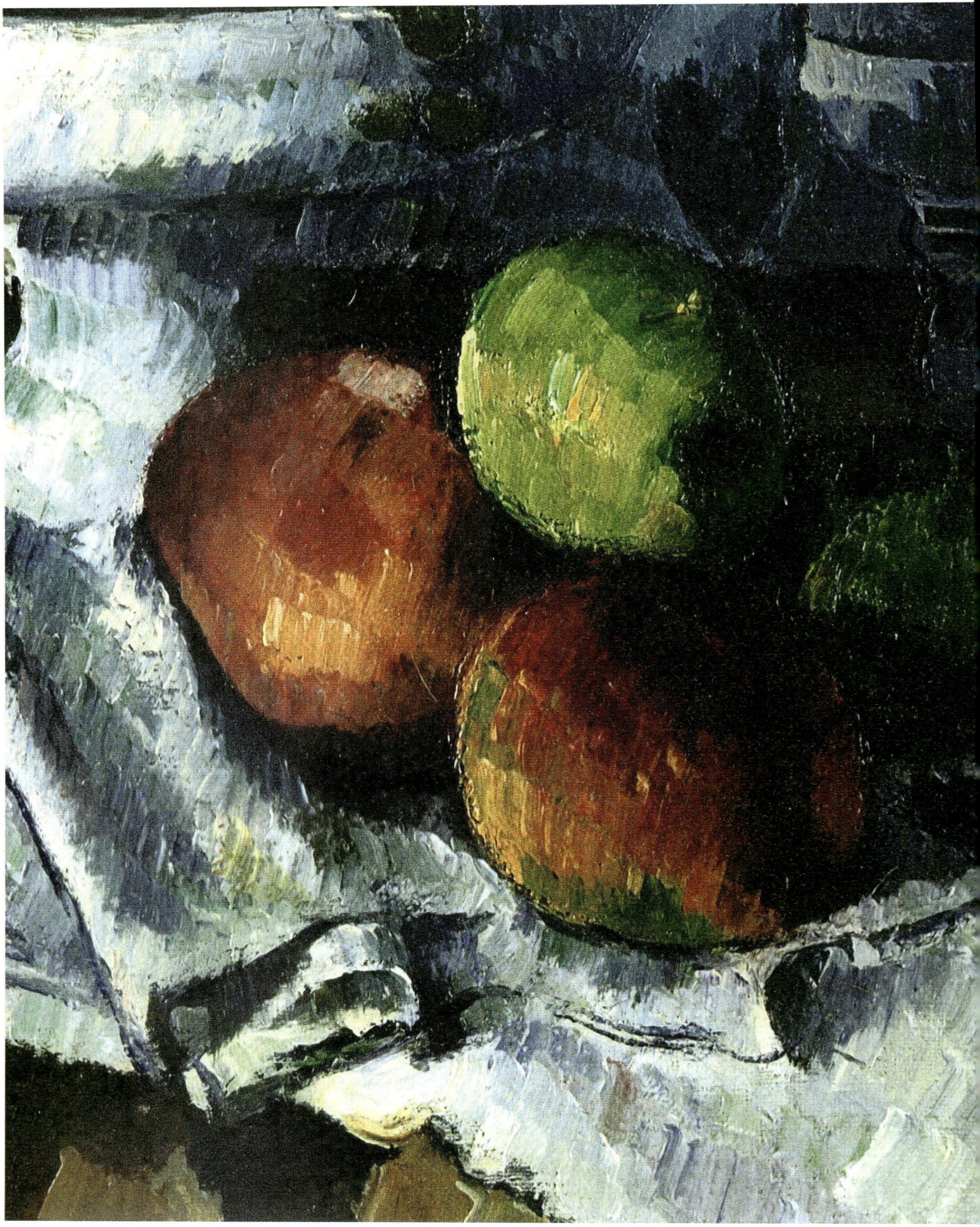

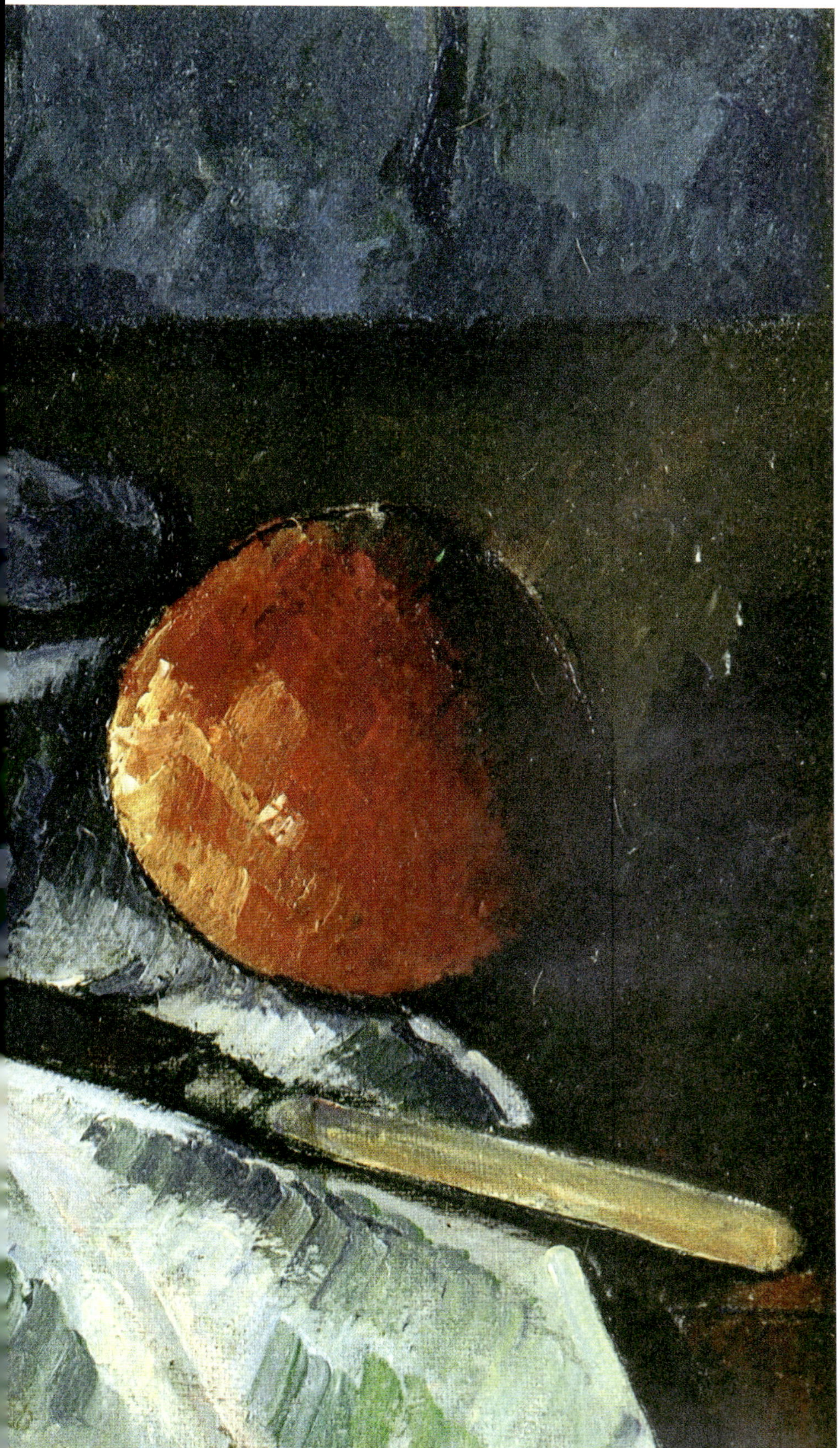

Ich bitte Sie, den Tisch in diesem Bild einen kleinen Moment lang genauer anzusehen. Fällt Ihnen daran irgendetwas auf? Wenn Sie an der vorderen Tischkante entlangpeilen, was passiert dann?[17] Sehen Sie, dass hier etwas nicht stimmen kann?

Der Tisch ist sozusagen verrückt, beschädigt. Aber das ist ja eine sehr interessante Beschädigung, nicht wahr? Wenn man hier die gewohnheitsmäßige Vorstellung eines einheitlichen Tisches anwendet, dann verspricht der sozusagen an einer Seite etwas, was er auf der anderen Seite nicht einhält. Ist das denn ein Tisch oder sind es vielleicht zwei Tische? Und wie ist es mit der Schublade?

So einfältig diese Fragen scheinen mögen, so wichtig ist es doch, sich nicht zu vornehm zu sein und das einmal als Problem an sich heranzulassen. Da ist also etwas, was Sie sofort prima vista unter „Tisch" einordnen – und dann tritt es anders auf: Was ich sehe, ist anders als das, was ich in der Vorstellung schon mitbringe.

Wir sind normalerweise daran gewöhnt zu sagen: „Meine Vorstellung ist richtig! Das ist meine Weltsicherheit! Das habe ich gelernt, darin lebe ich, darin bewege ich mich! Das ist meine Gewissheit, auf der stehe ich! Folglich ist das, was ich im Bild sehe, falsch!" Dieses „Falsch" resultiert allein aus dem Vorurteil, aus dem Vorwissen, aus der Vorstellung von einer bestimmten Richtigkeit, von der Intaktheit eines Dinges.

Wenn Sie sich sonst umgucken auf dieser Bildfläche, werden Sie sehen, dass der leise Bruch gegen die Vorstellung überall zu finden ist: In die Kanne, die am höchsten steht, lässt sich tiefer hineinblicken als in die etwas niedrigere, die eigentlich den Einblick leichter gewähren lassen müsste. Und dieses kleine Deckelgefäß ist wie von der Seite gesehen und das müsste doch wirklich – perspektivisch gedacht – von oben zu sehen sein. Es findet hier also gerade eine Umkehrung statt. Dies ist bezeichnet worden als das Ende der Perspektive in der Malerei.[18] Das ist natürlich eine Hilfe, um sich klarzumachen, dass jetzt die perspektivische Darstellung zu Ende ist. Aber was hat das denn für Folgen?

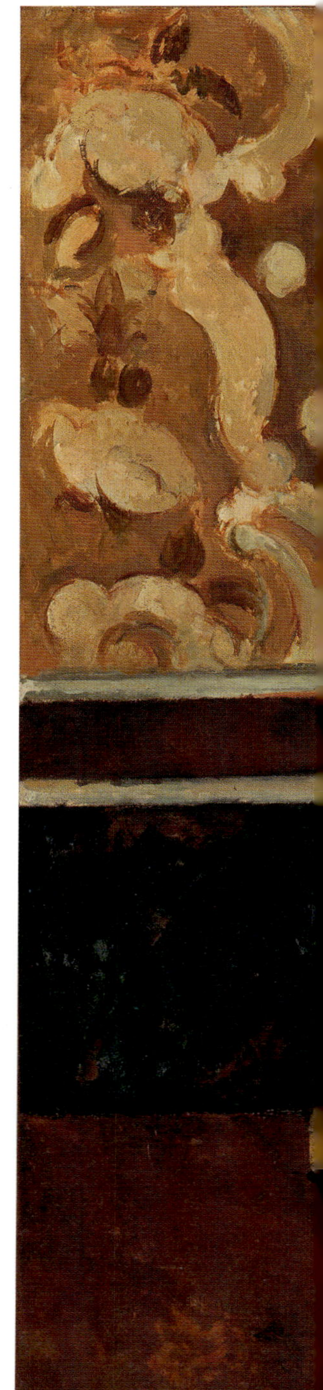

14 | Paul Cézanne, **Stillleben mit Kommode**, um 1883–1887

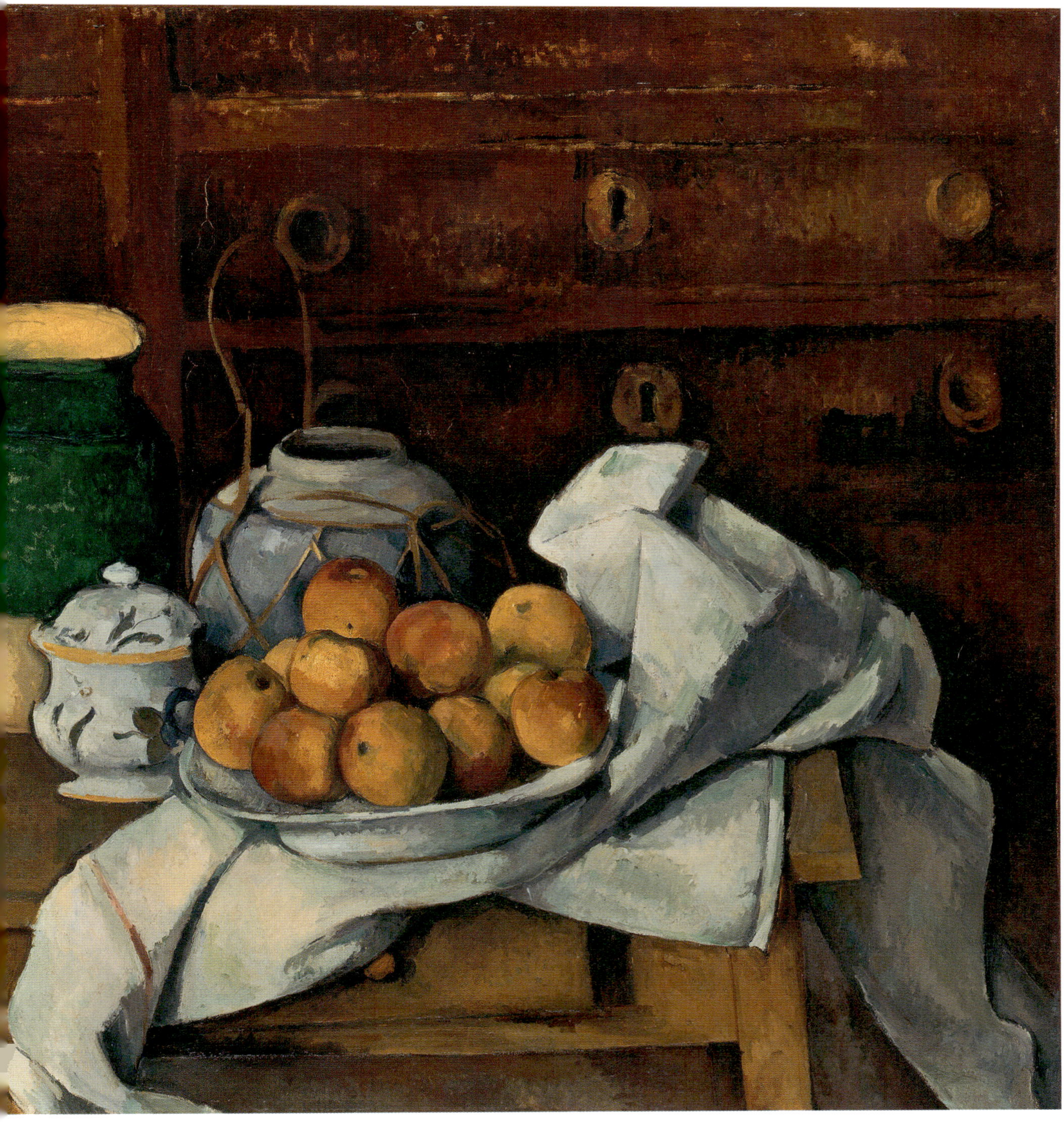

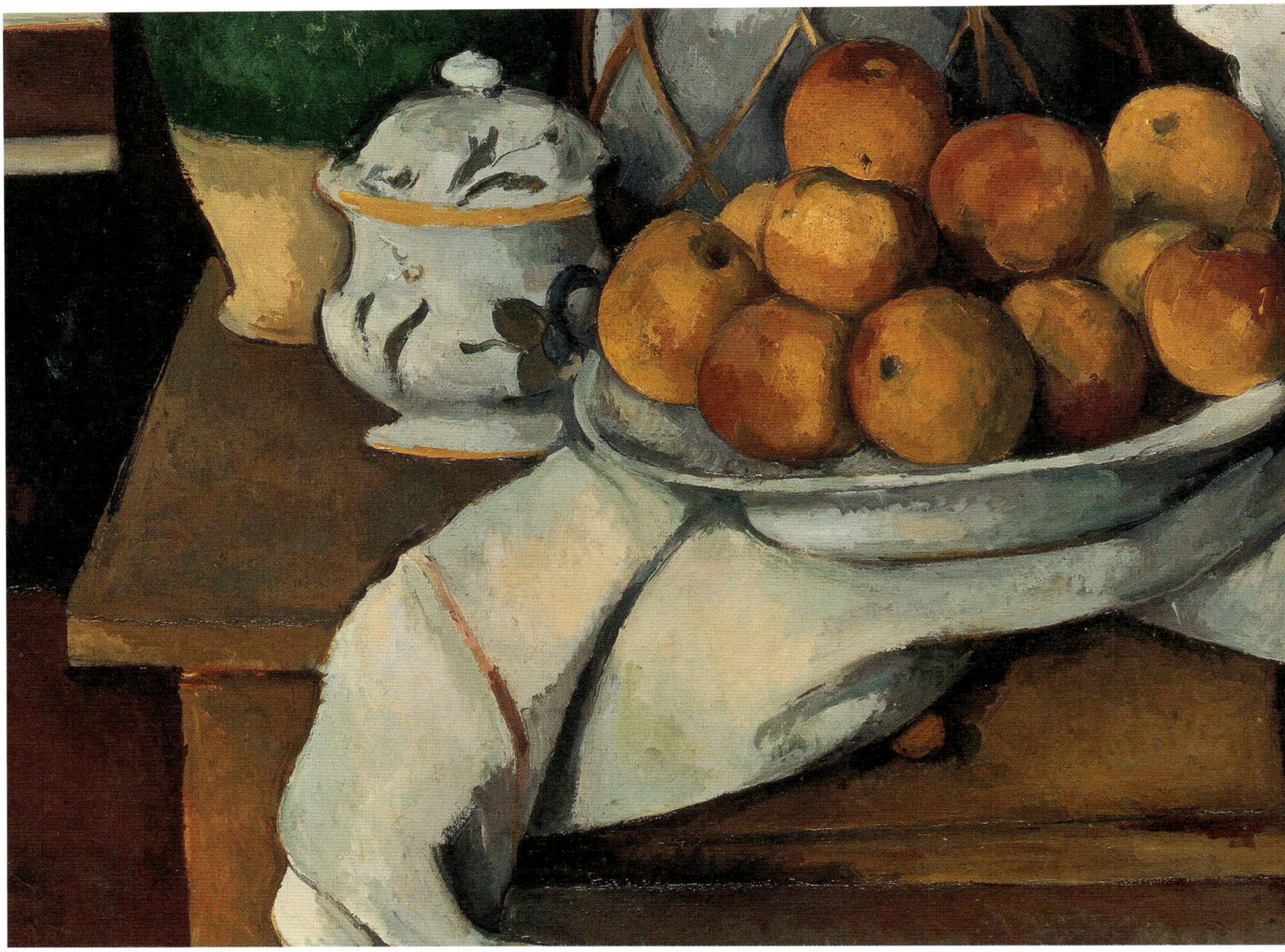

Wir können nun beobachten, wie uns solche Erscheinungen nach und nach in einer ganz anderen Weise begegnen, denn bei Cézanne ist nicht nur die Perspektive abgebaut worden. Vielmehr kommt es zu gleicher Zeit in einer fast nicht zu beschreibenden Art zu der Verstärkung des Eindrucks, diese Dinge seien wirklich, körperhaft, präsent. Sie erheben als Dinglichkeit einen solchen Anspruch auf Dasein im Betrachten, dass das stärker ist als das Nichtvorhandensein der Perspektive. Die Perspektive ist ja daraus entstanden, dass man die Vorstellung von Raum in die Fläche hineinprojiziert hat. Deshalb gehen wir ja auch normalerweise mit der Stimmung herum: „Den Raum, den gibt es und ich bin da drin!" Diese Vorstellung macht es möglich, dass ich hier auf der Bühne herumlaufen kann, dass Sie mit dem Auto wieder nach Hause fahren können und so weiter. Das ist also der Raum, in dem ich drin bin und in dem ich mich bewege. Und wenn ich nicht da bin, dann gibt es diesen Raum immer noch.

Stellen Sie sich mal das Gegenteil vor: Ich würde den Raum aus dem Bewusstsein verlieren und es gäbe ihn dann nicht mehr. Was machen Sie dann und vor allem, was machen dann alle anderen? Aus dieser erschreckenden Vorstellung heraus sagt man: „Nein, den Raum, den muss es ja geben, denn wenn

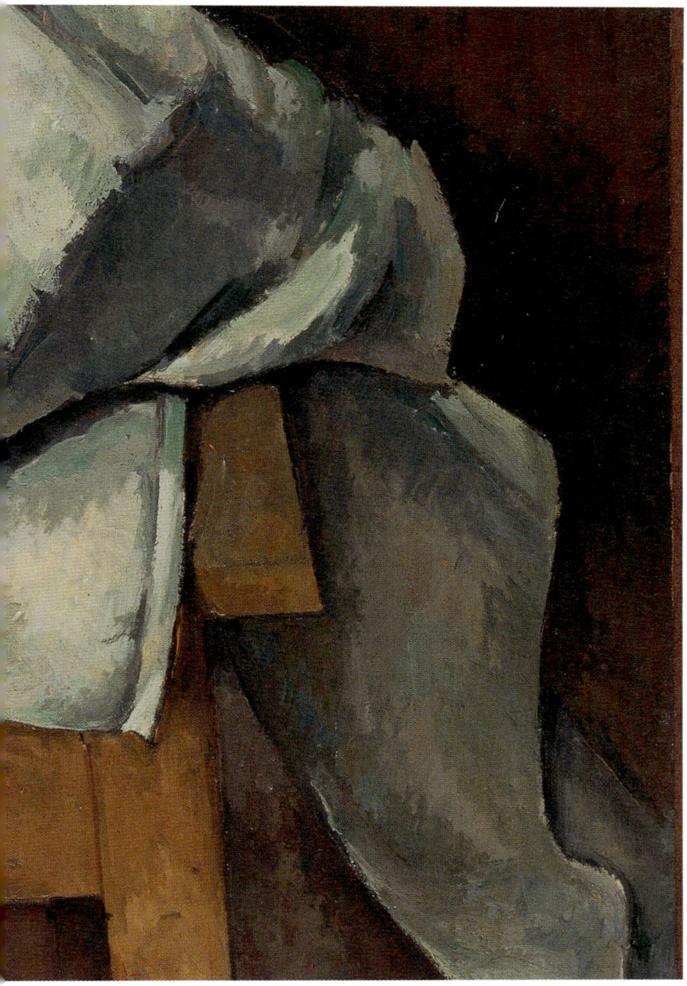

ein Bewusstsein ausfällt, dann gibt es ja immer noch den Raum!" Aber woher weiß ich das denn? Woher wissen Sie das? Wenn man sagt: „Den Raum gibt es, alle sind da drin, bloß wenn ich einschlafe oder wenn es mich nicht mehr gibt, dann habe ich kein Bewusstsein mehr von Raum. Aber den Raum gibt es, denn wenn ich morgens wieder aufwache, dann steht mein Bett meistens noch an demselben Platz. Folglich ist das eine Konstante, folglich hat der Raum mit mir gar nichts zu tun!"

Woher aber weiß ich, dass der Raum außerhalb meines Bewusstseins existiert? Gewöhnlich antworten wir: „Aus Erfahrung!" Das ist eine sehr tiefe Antwort, bloß: Wie kommt diese Erfahrung in mein Bewusstsein? Kann ich den Raum sehen? Oder kann ich den Raum nur erkennen und begreifen? Ist der Raum ein Produkt von aufeinander bezogenen Koordinaten? Zumindest können wir uns jetzt einmal auf den naiven Standpunkt stellen, dass das alles gar nicht so sicher ist. Denn unsere Erfahrung lehrt uns: „Anständige Tische haben durchgehende Kanten!"

Doch wenn wir auf dieses Bild blicken, konstatieren wir einen Bruch in unserer Vorstellung, der unserer Erfahrung widerspricht. Wir müssen uns dann eingestehen, dass auch dieser Bruch eine Erfahrung ist. Und auf diese Erfahrung kommt es nun genauso an! Denn was ist nun stärker? Und welche Erfahrung hat mehr Recht?

Ich möchte das nur deswegen problematisieren, weil dieses Bild etwas auslösen kann, wenn ich mich nicht hinter den Lattenzaun der vermeintlich sicheren Erfahrung zurückziehe. Wenn ich diese bildliche Erfahrung an mich heranlasse, dann muss ich bemerken, dass in mir etwas in Bewegung kommt, dass nämlich diese primäre und wie Kalk abgesinterte, fest gewordene, immer wiederholt bestätigte Erfahrung hierdurch aufgebrochen wird.

Entscheidend ist nun, dass das ins Bewusstsein gehoben wird, was aller Erfahrung widerspricht und deswegen eine *neue* Erfahrung allen anderen hinzufügt – nämlich die, dass es durchaus nicht selbstverständlich ist, dass diese Ecken sich aufeinander beziehen. Wir können hier beobachten, dass es nicht mehr der Tisch ist, der die vier Ecken aufeinander bezieht, sondern was? Das Bild selbst. Einheitsstiftend ist nicht der Tisch als erkannter Gegenstand da draußen, sondern ich verstehe den Tisch als Einheit, weil er hier anschaulich als Einheit begegnet – trotz der Brüche in seiner Perspektive.

Auch der in diesem Bild dargestellte Tisch entspricht nicht unbedingt dem, was man sich unter einem ordentlichen Tisch vorstellt. Wenn Sie an der vorderen Tischkante entlang peilen, können Sie bemerken, dass auch hier etwas nicht stimmen kann.

Sehen Sie den Knick? Es scheint, als ob der Tisch nach innen gedrückt und dadurch nach hinten zu verbreitert worden wäre. Auch hier reproduziert sich nicht einfach die Vorstellung „Tisch". Und es lässt sich, wenn wir diese Bilder genauer betrachten, unsere Vorstellung eines Tisches nicht mehr ohne Weiteres mit dem in den Bildern dargestellten Tischen verbinden.

Das gibt dem Bild nun eine ganz andere Würde, als wenn wir das Bild nur als Leinwand sähen, auf der sich die bekannten Gegebenheiten nochmal reproduzieren. Dem Bild kommt nun eine ganz andere Rolle zu: Es schafft den Bezug auf das Einheit-Sein von Dinglichkeit und macht dies anschaulich.

Wenn wir uns über solche Dinge verständigen wollen, kommen wir auch immer an die Grenze der Sprache. Denn wir fangen an, gegen den Strom unserer Verstehgewohnheiten anzugehen. Und da ist es sofort nötig, in gewisser Weise auch mit Wortbedeutungen und Sprachbildungen zu operieren, die vielleicht nicht ganz dem alltäglichen Vokabular entsprechen. Denn wenn wir unserem normalen Wortgebrauch folgen, dann schwimmen wir sozusagen immer mit dem Strom.

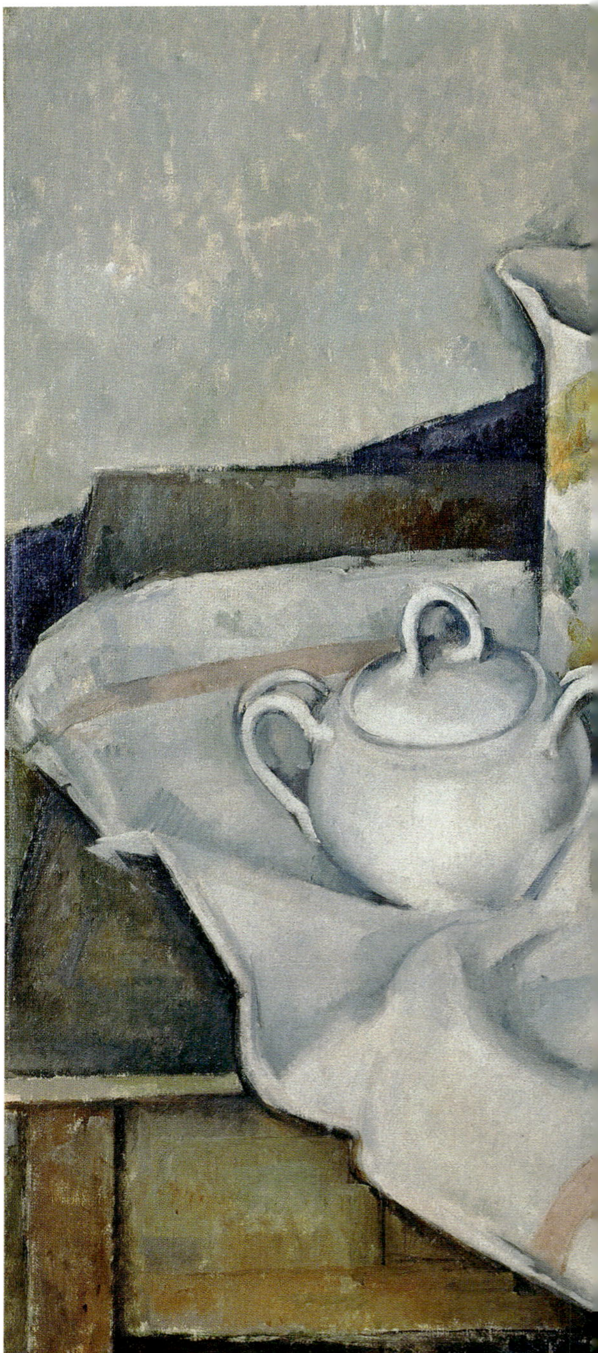

15 | Paul Cézanne, **Stillleben mit Pfirsichen und Birnen**, 1890–1894

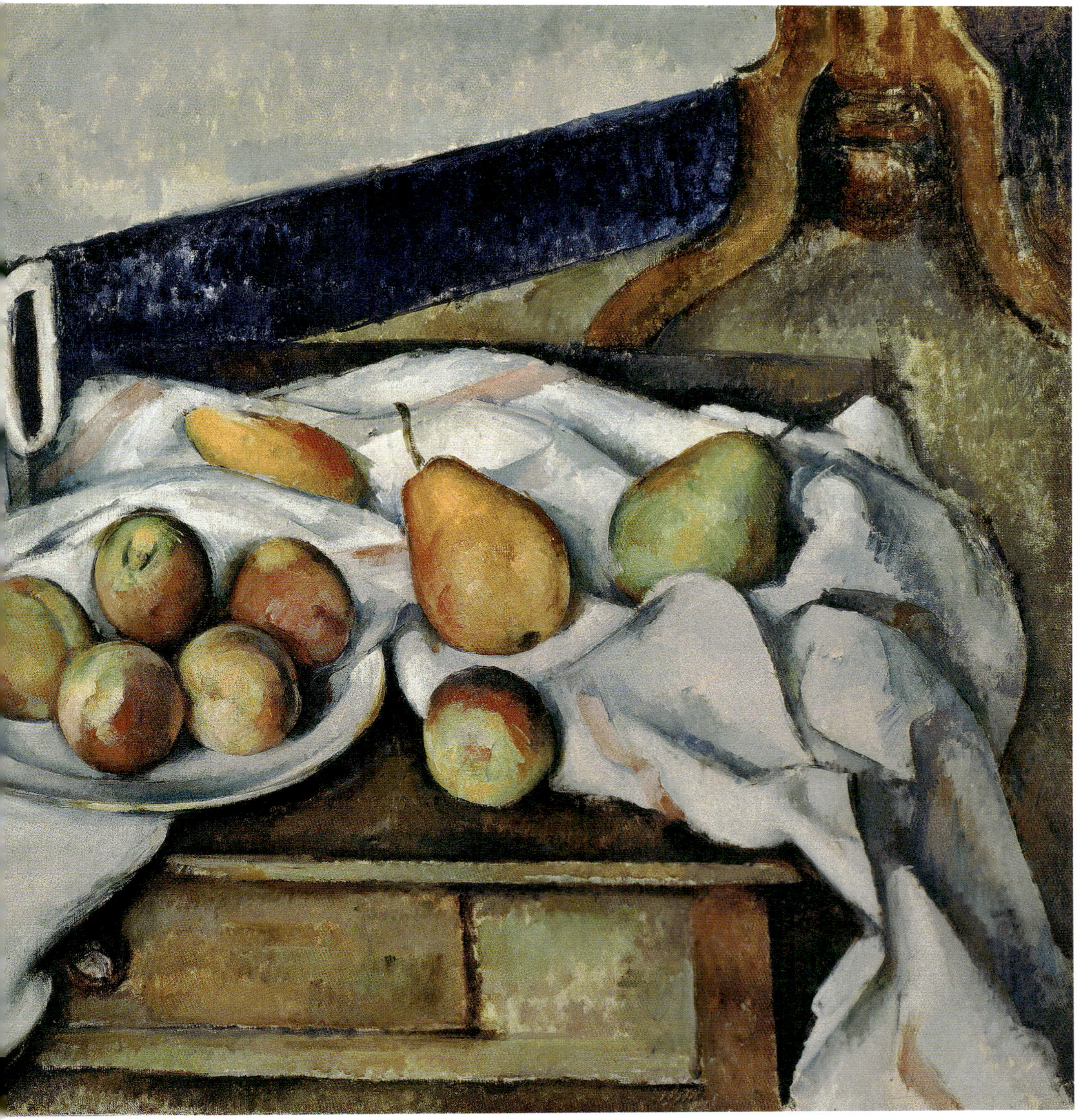

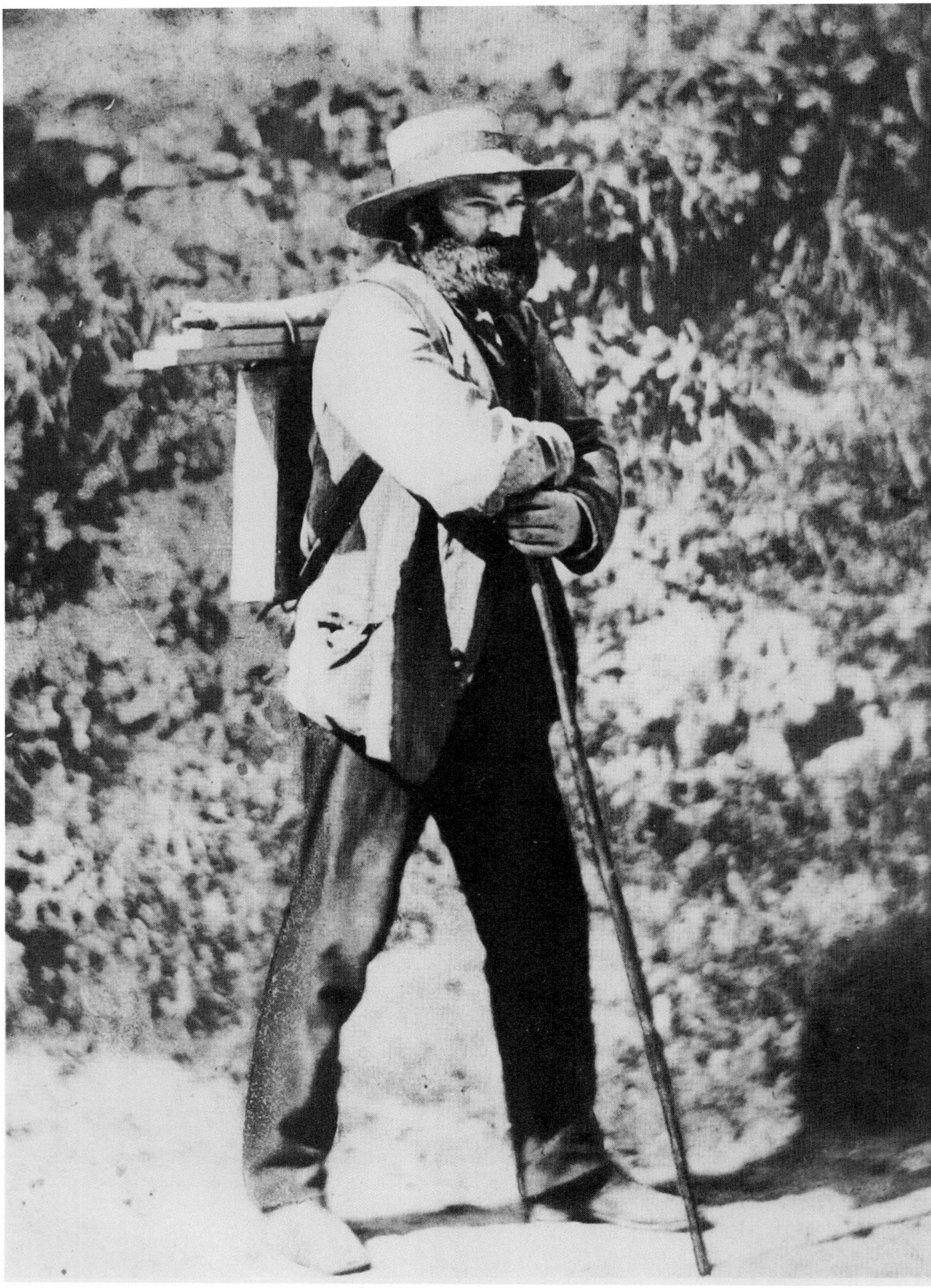

„So ist es mit der Welt, mit der weiten Welt. Um sie in ihrer Wesenheit zu malen, muss man solche Maleraugen haben, die in der Farbe allein den Gegenstand sehen, sich seiner bemächtigen und ihn sich mit den anderen Objekten verbinden lassen. (...) Man muss sich seinem Motiv anpassen. Es nicht zu sich heranziehen, sondern sich ihm beugen. Es in uns entstehen, in uns keimen lassen.“ [19]

Paul Cézanne

Cézanne kam es ganz besonders auf sein Motiv an. Das ist ja eigentlich ein Paradox: Wer so widersprüchlich mit demselben umgeht, der kann doch keine Achtung davor haben! Aber Cézanne hat nun außerordentlichen Wert darauf gelegt. Er ist stundenlang gewandert, hat Reisen unternommen und ist dann schließlich in die Provence zurückgekehrt, in der er aufgewachsen ist, weil ihm bestimmte Motive so wichtig waren. Man sieht ihn hier auf dem Foto mit dem Ranzen bepackt, mit dem harten Knotenstock hinauswandern. *Aller sur le motif* nannte er seinen Gang zur Arbeit.[20]

Der französische Schriftsteller und Kunstkritiker Joachim Gasquet (siehe Abb. 29, S. 79) hat ihn gefragt, was er denn unter einem Motiv verstehe. Cézanne habe, so erinnert sich Gasquet, die Hände voneinander entfernt, um sie dann ganz langsam mit gespreizten Fingern wieder einander anzunähern, sie ineinander zu schieben und fest miteinander zu verschränken.[21]

Das Verhältnis zu seinem Motiv war also nicht nur eine fromme Floskel für Cézanne. Für ihn sind es offenbar zwei Elemente, die zusammenkommen und ganz und gar ineinander verschränkt werden müssen, um zu einer Kraftwahrnehmung werden zu können. Um welche Elemente es sich dabei handelt, schauen wir uns im nächsten Bild an.

16 | Paul Cézanne auf dem Weg zum Motiv in der Gegend von Auvers-sur-Oise, Foto um 1874

„Das geringste Versagen des Auges verdirbt alles.
Und bei mir ist das schrecklich, mein Auge klebt an einem Ast, einer Scholle.
Ich leide darunter, wenn ich es davon losreiße,
so sehr kann mich ein Ding fesseln.“ [22]

Paul Cézanne

Der Kunstwissenschaftler John Rewald (1912–1994) machte Mitte der 1930er Jahre Aufnahmen von den Motiven Cézannes in der Provence, in der Gegend um Arles.[23] Auf dem Foto von Rewald ist ein interessanter Baum zu sehen, der sich gabelt und weiter oben Äste hat, die nach links abzweigen. Hinter dem vorderen Ast – und das ist ungewöhnlich – sehen wir einen weiteren krumm nach oben wachsenden Ast, der aus der Bildfläche herausgebogen ist und den ersten kreuzt.

Nun kann man im nächsten Bild beobachten, dass eben gerade eine solche Konfiguration eines Baumstammes in einem Gebilde begegnet, bei dem zunächst der Eindruck entsteht, das sei eine ganz freimalerische Sache. Und in der Tat, um so etwas zu malen, braucht man doch nicht in den Wald zu gehen! Das kann man doch auch so malen! Warum also diese Suche nach einem bestimmten Motiv? Warum musste Cézanne ins Freie gehen? Warum musste er in der flirrenden Mittagshitze arbeiten im Wettlauf mit dem sich ständig verwandelnden Licht draußen in der Natur (Abb. 33, S. 90)?

Seine Kunst ist durchaus als eine Pleinairmalerei zu verstehen, aber auf eine ganz andere Weise als wir es bei Monet kennengelernt haben.[24] Bei Cézanne kann man bemerken, dass das Motiv eine Art Struktur gibt, und zwar eine ganz individuelle Struktur.

Verfolgen Sie einmal diese aufsteigende Linie am rechten Bildrand, wie sie der Baumstamm bildet. Sehen Sie, wie sie sich zuerst gabelt, da oben nicht gabelt, sondern kreuzt und dann aus dem Bild herausführt?

Der Fotograf hat natürlich fein empfindend den Ausschnitt gewählt, den er von Cézanne kannte. Doch der Baum hat ja nicht von sich aus diesen Ausschnitt. Man verwechselt das manchmal und sagt: „Cézanne hat das ganz genauso gemacht, wie es aussah!“ Doch der Maler hat ja erst einmal diesen Ausschnitt gewählt und auf der Fläche das gestaltet, was ihm in der Natur als Eigenform, als besondere Struktur begegnet ist. Und das hat er in der Bildfläche als eine ganz individuelle strukturelle Form auftreten lassen.

Mir ist es nun ganz wesentlich, diesen Aspekt besonders zu beachten, weil es alles andere ist als das, was in der ersten Jugendzeit eruptiv als Bildlichkeit von innen nach außen drängte wie eine unbewältigte Triebnatur. Auch hier sehen wir eine nicht bewältigte „Natur-Natur“, eine Kraft, die das Faktische dazu verwendet, dem Bild seine Struktur zu verleihen.

17 | **Der gegabelte Baum oberhalb des Château Noir**
Foto: John Rewald, 1935

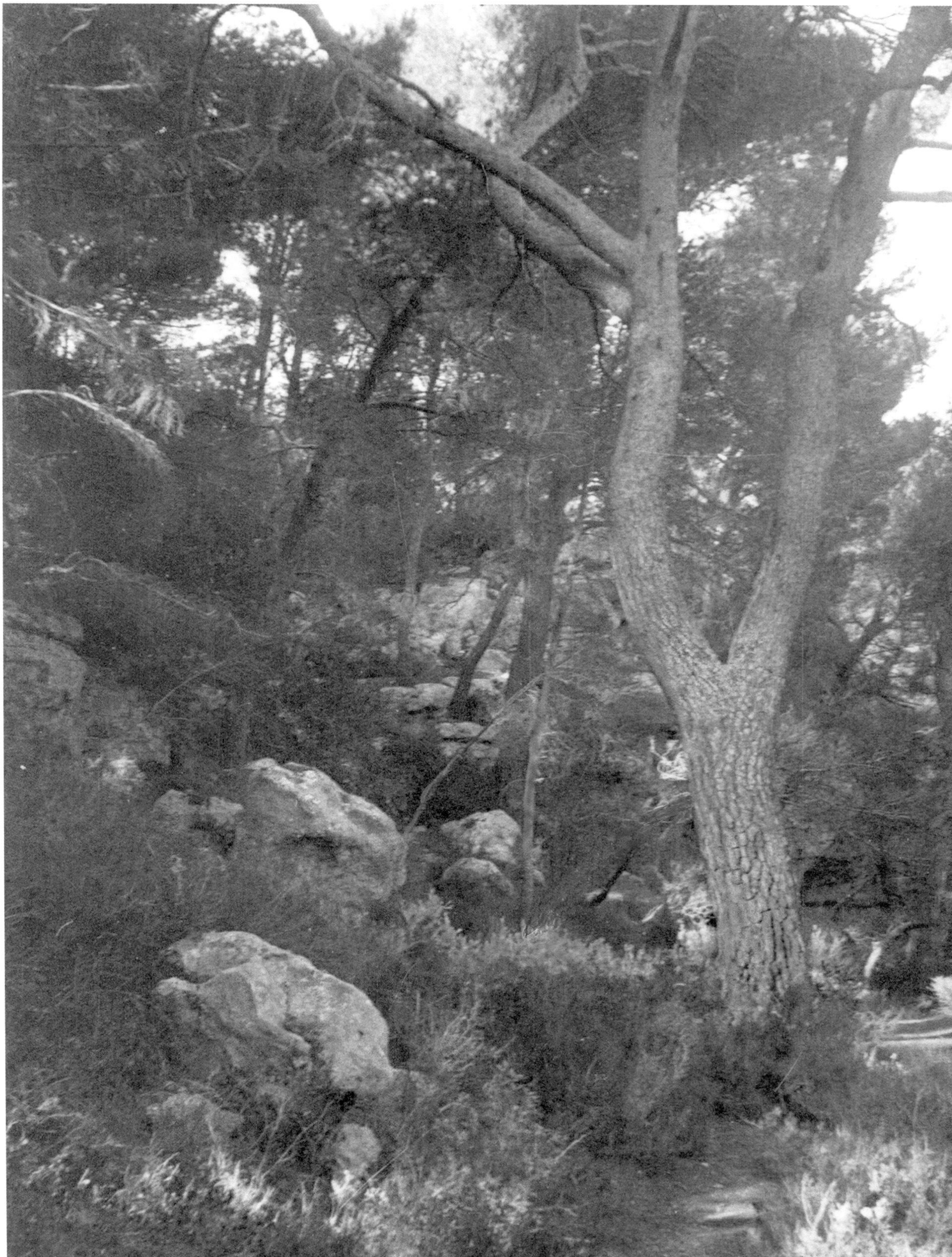

Cézanne hat nicht gesagt: „Ich male das Bäumchen mal ab, weil es so hübsch ist." Er zielt vielmehr darauf, die Baumgestalt als Struktur so zu ergreifen, dass sie in der Bildfläche eine Ordnung hat. Aber diese Ordnung wird nicht gestaltet aus dem Impuls, etwas von sich herauszubringen, oder aus dem Impuls, etwas gekonnt abzumalen. Vielmehr geht es ihm ganz besonders darum, sich die lebendige, konkret und umfassend wahrnehmbare Gestalt von dem Natur-Ding schenken zu lassen, sie aufzunehmen, zu empfangen durch die Art und Weise, wie das Bild strukturiert wird. Das ist natürlich nicht das Einzige, was man in dem Bild beobachten kann, sondern es kommen hier mehrere Faktoren zusammen.

Wir bemerken an diesem Bild unter anderem, dass die Bäume nicht alle senkrecht stehen. Wenn man darüber nachdenkt, könnte man etwas flapsig sagen: „Für einen Baum schon ganz schön schief!" Aber was bewirkt das?

Wir wissen ja, dass ein Baum sich mit seiner Wachstumskraft in die Senkrechte stellt. Und wenn die Erde rutscht, dann biegt er sich und versucht, wenn ihn nichts hindert, immer wieder nach oben, senkrecht, entgegen der Schwere zu wachsen. Da ist also eine vertikale Wachstumstendenz in der Pflanze – hier wird sie Bild.

Aber nach allem, was wir bisher bedacht haben, kommt es Cézanne nicht darauf an zu zeigen, wie sich der Baum als Baum biologisch entfaltet. Wir erleben vielmehr mit, wie sich in diesem Bild etwas anderes thematisiert: Einmal sind da Formen, die sich dicht abgeschlossen, rundlich, aber auch kantig und eckig in einer bestimmten Zone des Bildes zusammenfügen, aufbauen und aufschichten. Allein schon beim Anschauen entsteht ein Eindruck, der aus sich selbst die Vorstellung von Festigkeit erzeugen kann. Zum anderen rückt die Bildstruktur ins Bewusstsein, die den Blick immer wieder nach oben führt und mit dieser Bewegung die Tendenz bemerkbar macht, dass der Baum am rechten Bildrand nicht in der Senkrechten steht, sondern seitwärts wächst. Aber dem entgegen wirkt wiederum eine andere Linie und wie in einem freien Umschwingen sind rechts und links Gebilde zu sehen, die nicht deutlich werden lassen, ob die Linien nun gerade oder schief verlaufen. Auf jeden Fall haben wir hier etwas Unsicheres, einen Ort, wo die Aspekte wechseln, wo sie ineinander übergehen. Das Ganze ist zudem auf einer Schräge aufgebaut. Und wenn man von der einen Lage zur anderen blickt, kann man durchaus abschätzen, dass es oben nicht so fixiert und fest ist wie vergleichsweise unten.

Schauen Sie einmal auf das lockere Gebilde, wo die Vertikalen eben nicht vertikal sind, aber aufstrebende Linien sich wie rhythmisch zu bewegen beginnen, sodass man sagen kann: „Da sind jetzt nicht nur das Naturbild und das gemalte Bild strukturiert durch die Naturkraft, sondern es ist im Bild selbst eine Qualität veranlagt, die ich tatsächlich durch das bewusste Anschauen sehen kann."

18 | Paul Cézanne,
Unterholz bei den Felsenhöhlen oberhalb des Château Noir,
1900–1904

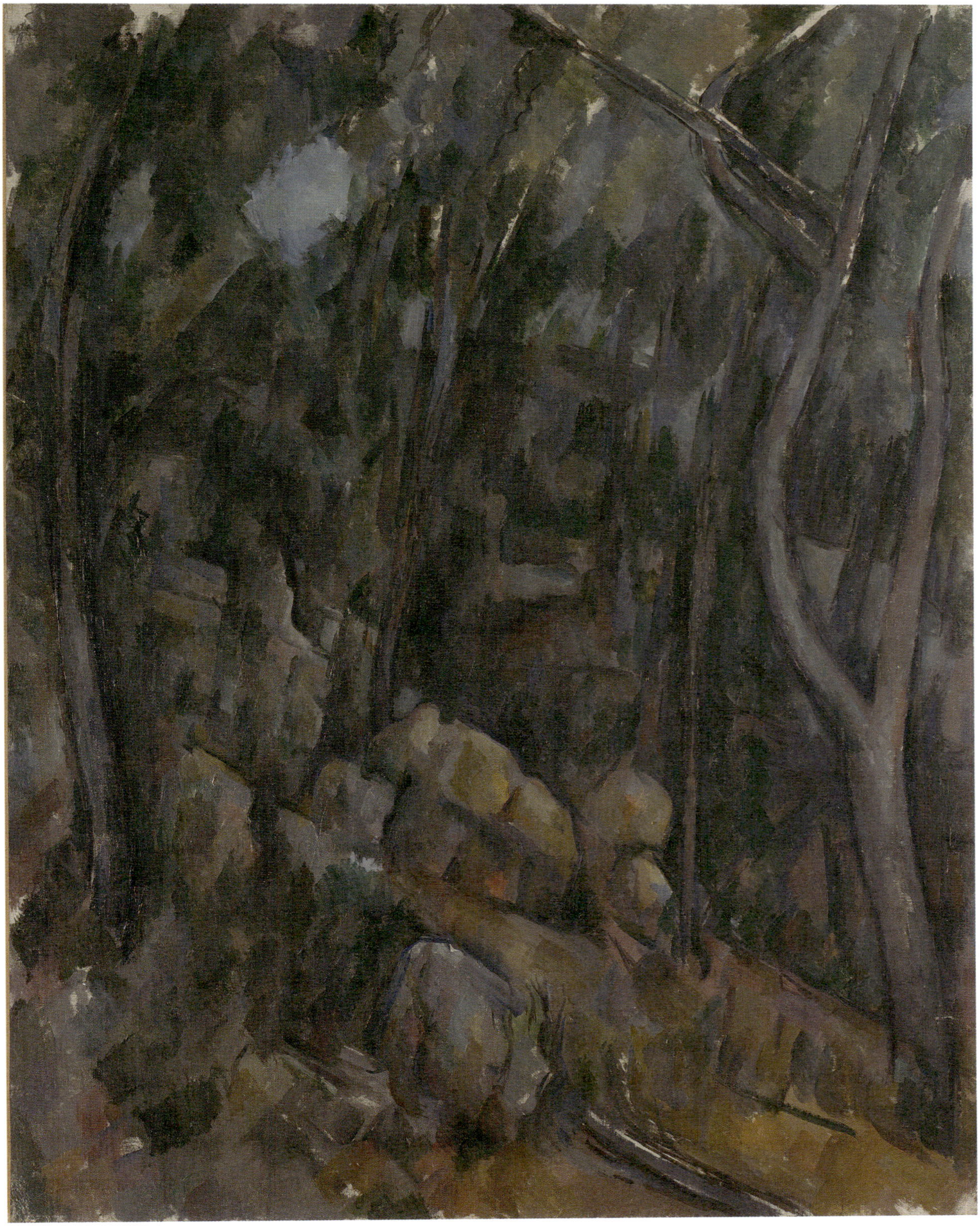

„Der Inhalt unserer Kunst liegt (…) in dem, was unsere Augen denken."[25]

Paul Cézanne

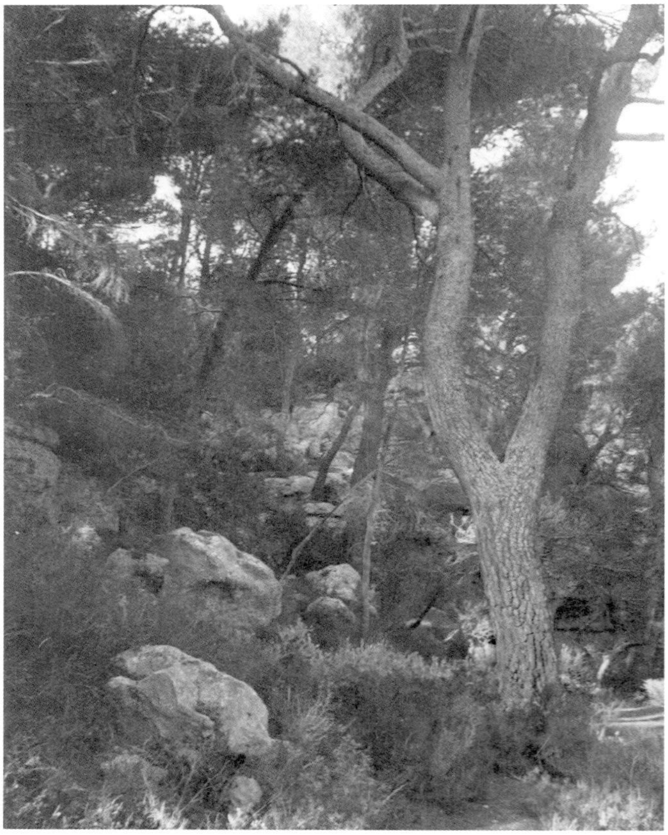

Wie wir bezüglich der beiden Tische schon festgestellt haben, gibt es verschiedene Möglichkeiten, mit den Seheindrücken umzugehen. Einerseits kann ich sagen: „Ich weiß, was ein Tisch ist!" Diese Gemälde sind dann nur Anlass, die Vorstellung eines Tisches anzuregen. Ich verbleibe folglich mehr in meiner schon mitgebrachten Vorstellung, als dass ich die konkrete Bildlichkeit an mich heranlasse. Andererseits kann ich den Sinneseindruck selbst ernst nehmen und bemerken, wie die Bildhoheit letztlich zum Einheitselement für diesen Gegenstand wird – und nicht die Vorstellung. Es ist dann nicht mehr die Natur-Einheit, die zum äußeren Abbild wird, sondern es werden im Bild direkt anschauliche Neu-Erfahrungen eröffnet.

Sie verstehen jetzt vielleicht, was in Cézannes Geste der sich verschränkenden Hände angedeutet wird, was sich im Bild – und nur dort – verschränkt, nämlich dass auf der einen Seite etwas aus der Natur und auf der anderen Seite etwas aus dem Malenden kommt und im Bild zu einer sich gegenseitig bestärkenden, ineinanderfügenden Kraft-Erfahrung werden kann. Die Natur begegnet hier nicht mehr als dingliche Einheit, sondern wir erleben, wie sich etwas Neues vor und mit unserem Auge konstituiert.

Wenn Sie zum Beispiel mit dem Auto auf der Autobahn fahren, sehen wir meist Landschaften um uns herum, weil die Autobahnen die Städte gewöhnlich vermeiden und uns lieber auf Kosten der Natur mobil machen. Dann sehen wir also Landschaften, Seen oder Berge.

Haben Sie sich mal im Vorbeifahren gefragt, was das alles zusammenhält? Da sagen wir uns: „Ja, das ist doch *ein* Erdball!" Oder man kann auch

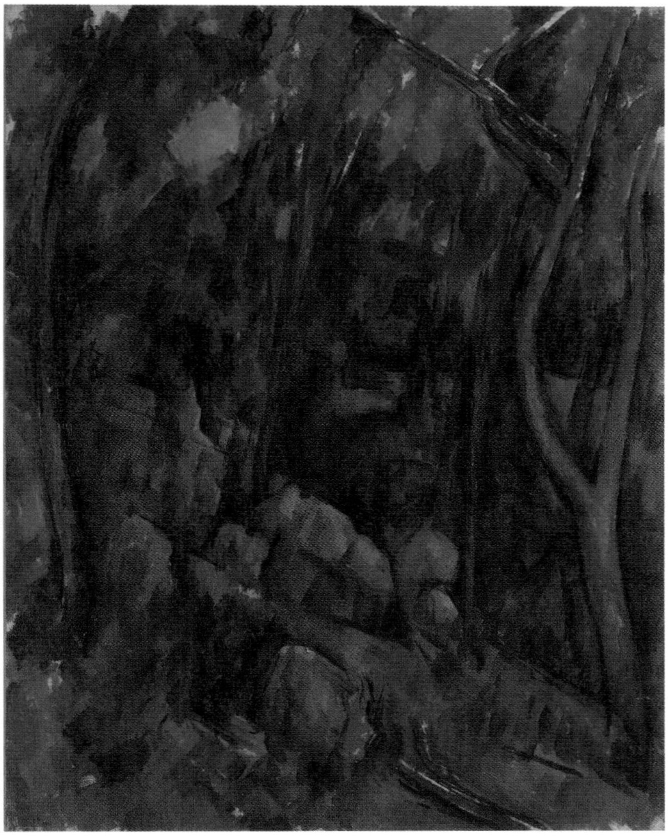

sagen: „Das ist doch alles Erfahrung!" Aber eigentlich hat man nur großes Vertrauen, dass die Berge schon so zueinander liegen, wie sie es gerade tun, weil sie eben aus derselben Erde geformt sind. Man hat den Eindruck, die Einheit der Dinge wird durch die Dinge selbst präsentiert. Und wenn da ein See ist, dann ist das halt Wasser und das Wasser hängt in sich zusammen. Wenn es nicht in sich zusammenhängt, dann ist es kein See, sondern wenn es in einer bestimmten Spur fließt, nennen wir es Fluss. Aber die einheitliche Vorstellung ist: das ist Wasser, also ein Ding.

Alle diese Vorstellungen über die Dingwelt sind in einer großen Schublade abgelegt und das nennen wir dann Natur. Natur, das bedeutet gar nichts, sondern es ist das Aggregat aller dinglichen Einheiten und die sind beliebig aufeinander bezogen. Natur, denken wir vielleicht, ist das da draußen, und ich fahre hindurch. Unser habituelles Verhalten, unser Verkehrswesen, unsere Bewegungen über die Erde sind ganz und gar Kind dieser Lebensempfindung. Wir haben normalerweise den Glauben an die Einheit der Welt, an die Konsistenz der Dinge und dadurch hängen sie ohne Probleme zusammen. Hätten wir eine andere Empfindung, dann würden wir vielleicht gar nicht die Neigung haben, uns so schnell zu bewegen.

Nun kann man Cézannes Bewusstseinsschritte und die dingliche und anschauliche Einheit studieren wie in einem aufgeschlagenen Buch: Man kann zuerst verfolgen, was von innen nach außen dringt, später, was sich am Bild gestaltet, und schließlich, wie das zueinander Kontakt aufnimmt. Und das ist möglich an einem Thema, das Cézanne ein Leben lang verfolgt hat. Dieses Thema wurde wohl ausgelöst durch eine prägende Jugenderfahrung. Er und seine Freunde sind oft in die Nähe von Arles zu einer besonders geeigneten Stelle an einen Fluss gegangen und haben so richtig schön nackt in der Mittagssonne gebadet. Sie haben dort Krebse gefangen und alles Mögliche. Und die wunderbaren Jugendeindrücke, die unwiederholbaren Empfindungen, eins zu sein mit den Freunden und mit der Natur, dieses kindliche Arkadien hat weitergelebt und sich später konzentriert in einem Thema, an dem er ständig gearbeitet hat bis in seine letzten Jahre. Das Thema: *Badende*.

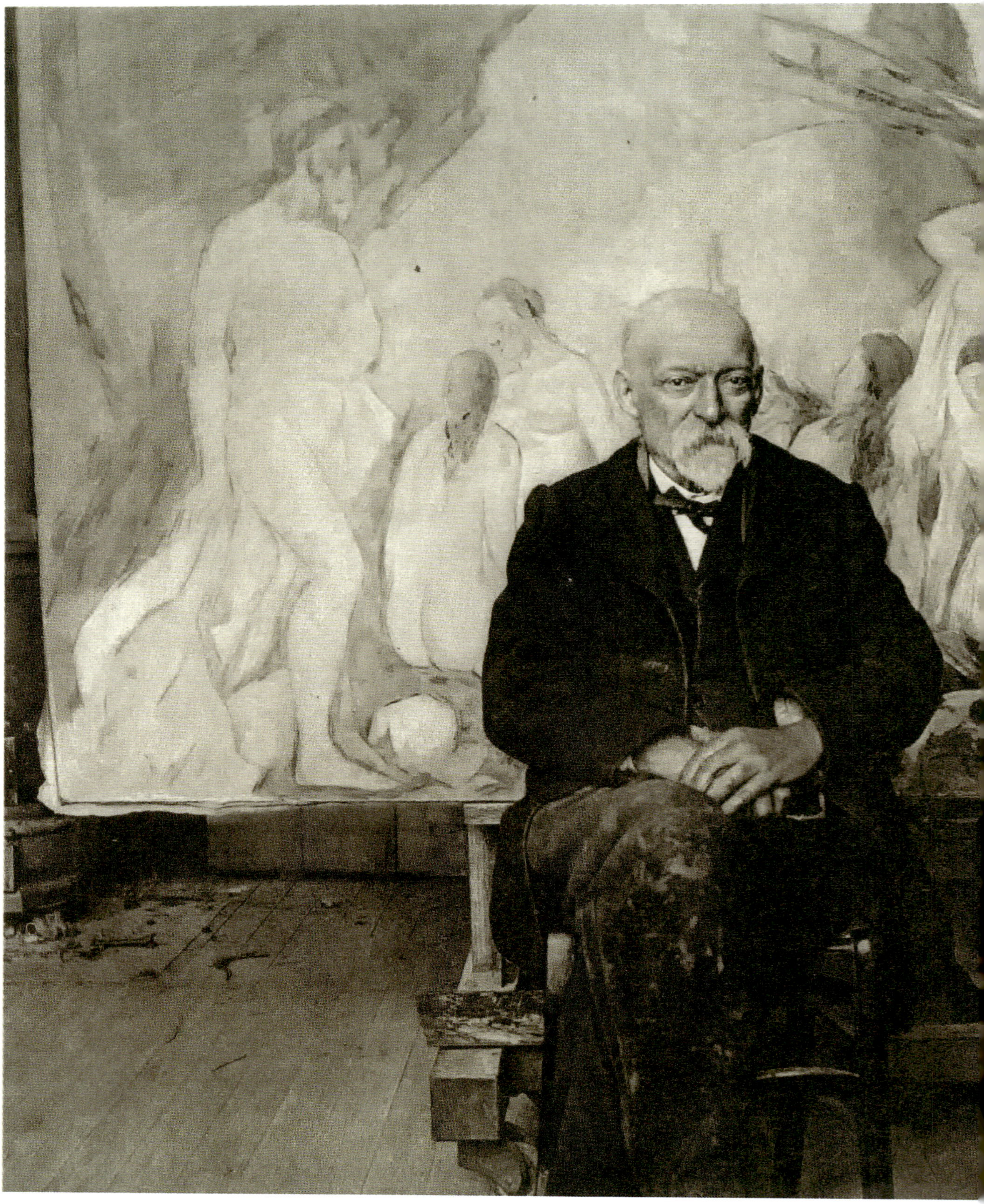

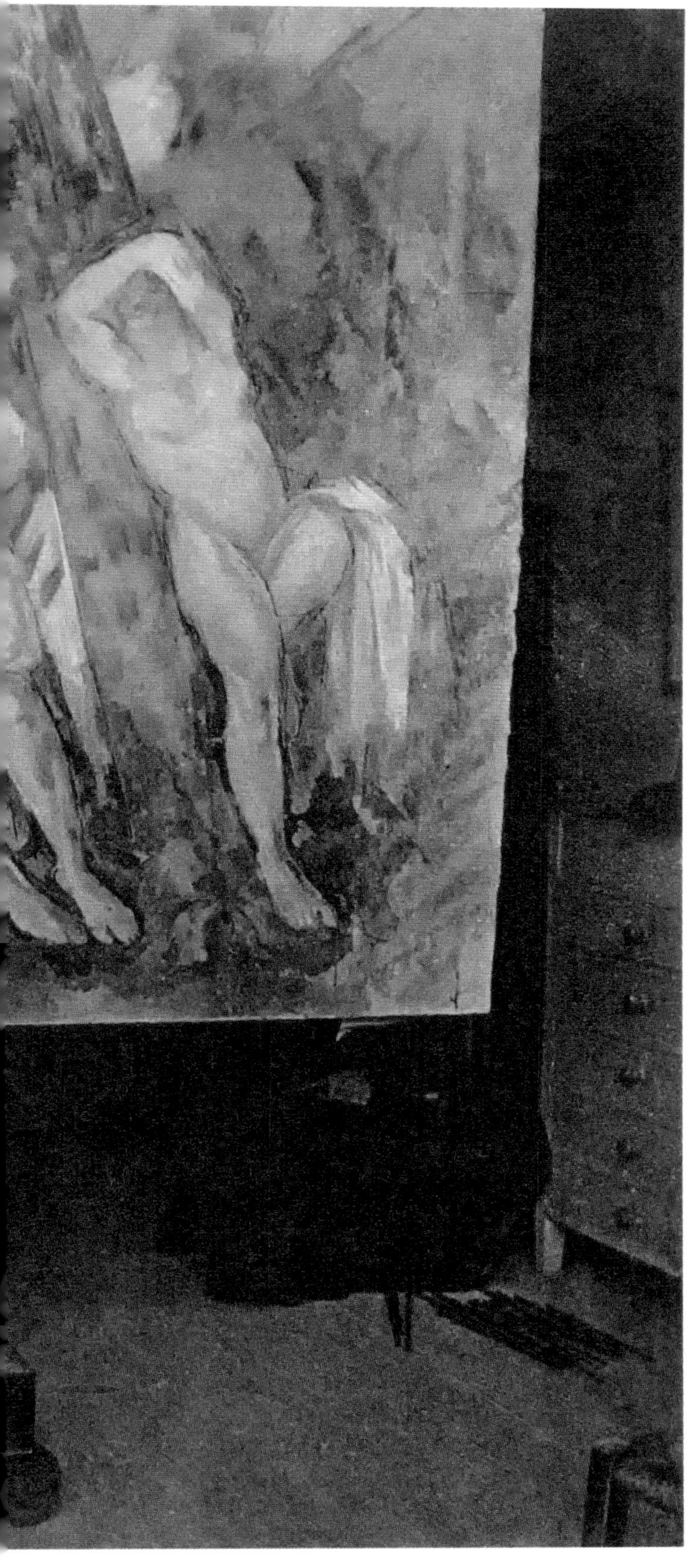

19 | Paul Cézanne vor seinem Bild **Große Badende** sitzend, März 1904

„Schließlich will ich Dir sagen, dass ich als Maler vor der Natur hellsichtiger werde. (…) Hier, am Ufer des Flusses, vervielfachen sich die Motive; dasselbe Sujet, unter einem anderen Blickwinkel gesehen, bietet ein Studienobjekt von äußerstem Interesse und von solcher Mannigfaltigkeit, dass ich glaube, ich könnte mich während einiger Monate beschäftigen, ohne den Platz zu wechseln, indem ich mich bald mehr nach rechts, bald mehr nach links wende."[26]

Paul Cézanne

Ich kann Ihnen aufgrund der Kürze der Zeit nur wenige Andeutungen machen. Wir haben hier eine ganz interessante Figuration vor Augen: Bäume rechts und links, die aufeinander zu wachsen und drei Gestalten, dahinter das Wasser. Wie Sie sehen, ist das Bild etwas getüpfelt gemalt und die Gestalten haben durchaus Ähnlichkeit mit der Gestalt der *Modernen Olympia*, deren Körper Cézanne nicht von der Anatomie hergeleitet hat. Aber vergessen Sie als Gegenbeispiel nicht die Zeichnung vom Kopf Pissarros. Die scheinbar sperrige Unbeholfenheit der Badenden ist also nicht Unvermögen.

Wenn man das Bild anschaut, sieht man die Neigung Cézannes, darauf einzugehen, dass die Körper der Figuren und die Körper der Bäume sich in ein ähnliches Strukturschema einordnen wollen. Aber man hat gleichzeitig den Eindruck, die Natur, also das, was man als Fluss, als Baum, als Busch, als Licht erkennt und die menschlichen Körper, sind weiterhin zweierlei, sie bleiben unverbunden.

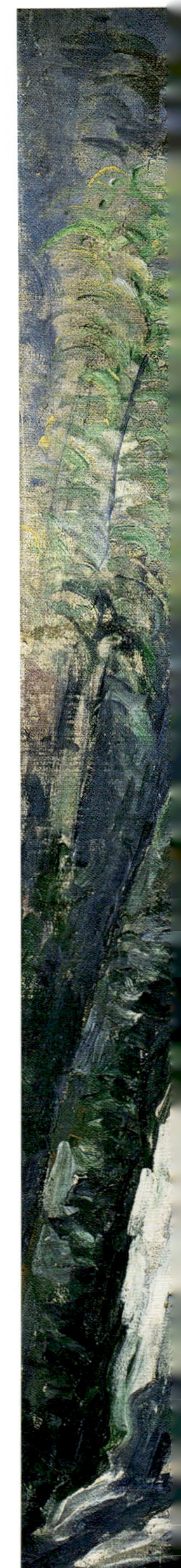

20 | Paul Cézanne, **Drei Badende**, 1879–1882

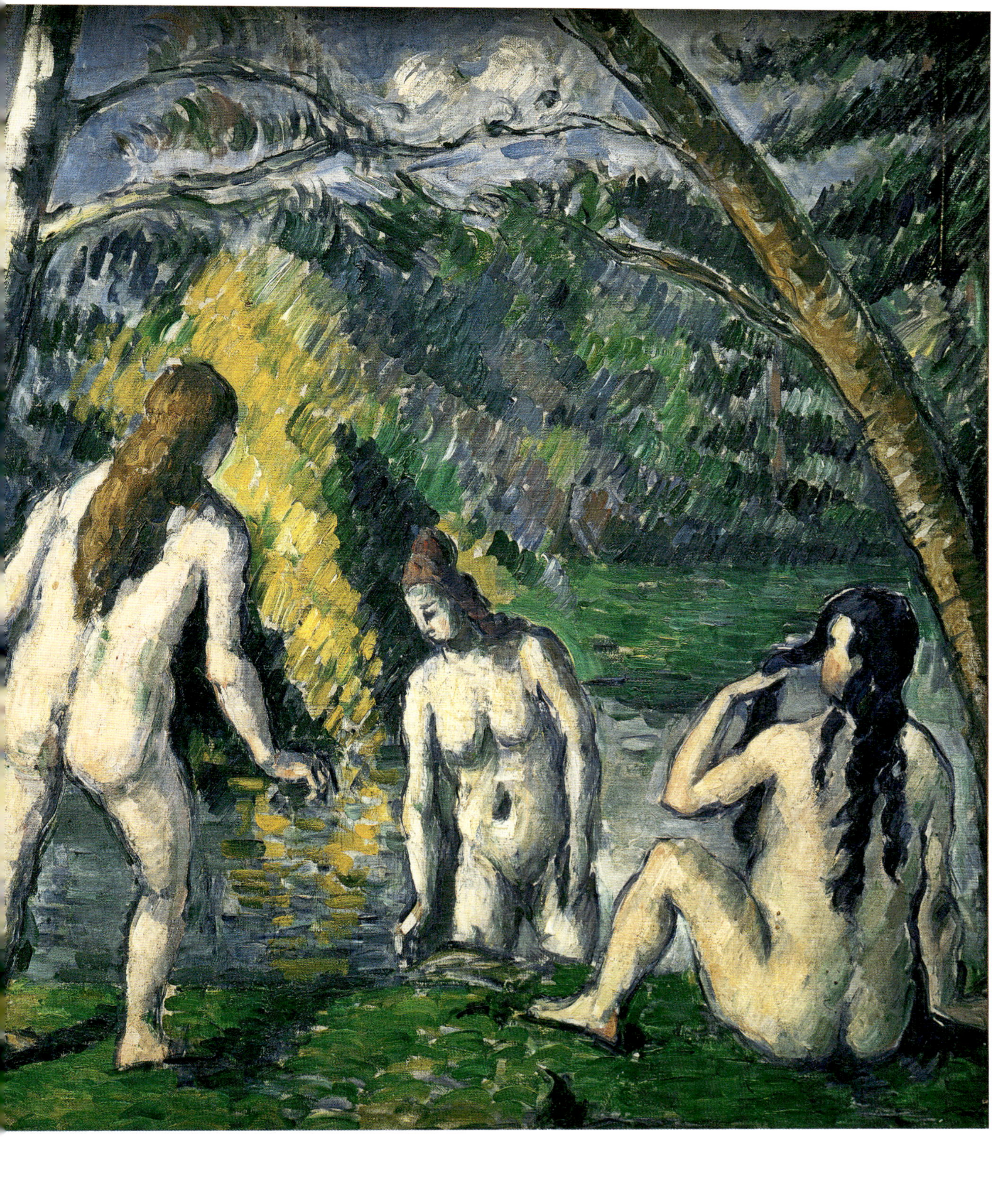

Wenn man dieses Bild mit dem Titel *Die großen Badenden* anschaut, dessen Leinwand so riesig ist, dass Cézanne sein Haus mit einem Schlitz versehen hat, um das große Gemälde überhaupt in sein Atelier hinein und wieder hinaus zu bekommen, dann kann man darüber erstaunt sein, dass auch hier Figuren auftreten, die schematisch gemalt sind und das, obwohl er über zweihundert Bilder in den verschiedensten Variationen zu diesem Thema angefertigt hat.[27] Zusammengesehen ergeben sie eine ganze Typologie der Akte.

Weil Cézanne arm war und scheu, hat er sich irgendeinen heruntergekommenen Arbeiter aus Arles als Modell geholt. Es kam ihm beim Malen auch gar nicht darauf an, anatomische Stimmigkeit zu erzielen, sondern offenbar auf etwas ganz anderes. Die Zeitgenossen konnten seinen Anspruch, in seinen Gemälden anschauliche Bildzusammenhänge zu schaffen, nicht nachvollziehen. Sie konnten das Neuartige nur mit Entrüstung registrieren und spotteten über seine Gemälde.

Wir können an diesem Bild nun seine Ansätze beobachten, wie er die Figuren und den Hintergrund unter das gleiche Gestaltungsprinzip bringt, indem er beispielsweise farbliche Parallelen zwischen den Gestalten und dem Hintergrund schafft. Dabei ist zu bemerken, dass diese Bilder gar nichts Gefälliges haben, nichts Einschmeichelndes, nichts Verlockendes, nichts Weiches. Vielmehr lässt sich an ihnen eine Art fremde Sprödigkeit, eine heruntergebändigte Intensität beobachten, die mit einer starken Objektivität auftritt. Aber es ist nicht mehr die Objektivität eines – so und nicht anders – in der Vorstellung gegebenen Dinges, die angestrebt wird – wobei unter Dinglichkeit hier auch der menschliche Körper verstanden wird –, sondern die Einheit von Ding und Welt, von menschlichem Körper und Natur.

Man muss bedenken, dass Cézanne selbst sein künstlerisches Schaffen immer wieder als gescheitert bezeichnet hat. Das ist aus heutiger Sicht kaum nachzuvollziehen, denn was er als Scheitern ansah, darüber würden wir alle zusammen froh sein, auf diesem Niveau scheitern zu können!

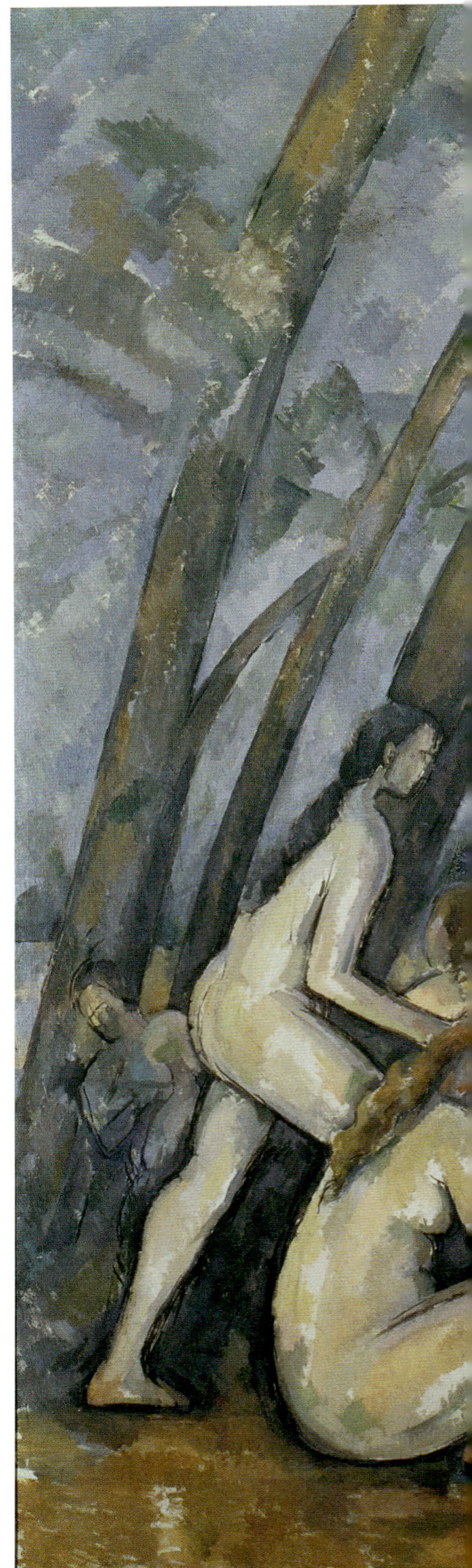

21 | Paul Cézanne, **Die großen Badenden**, 1900–1906

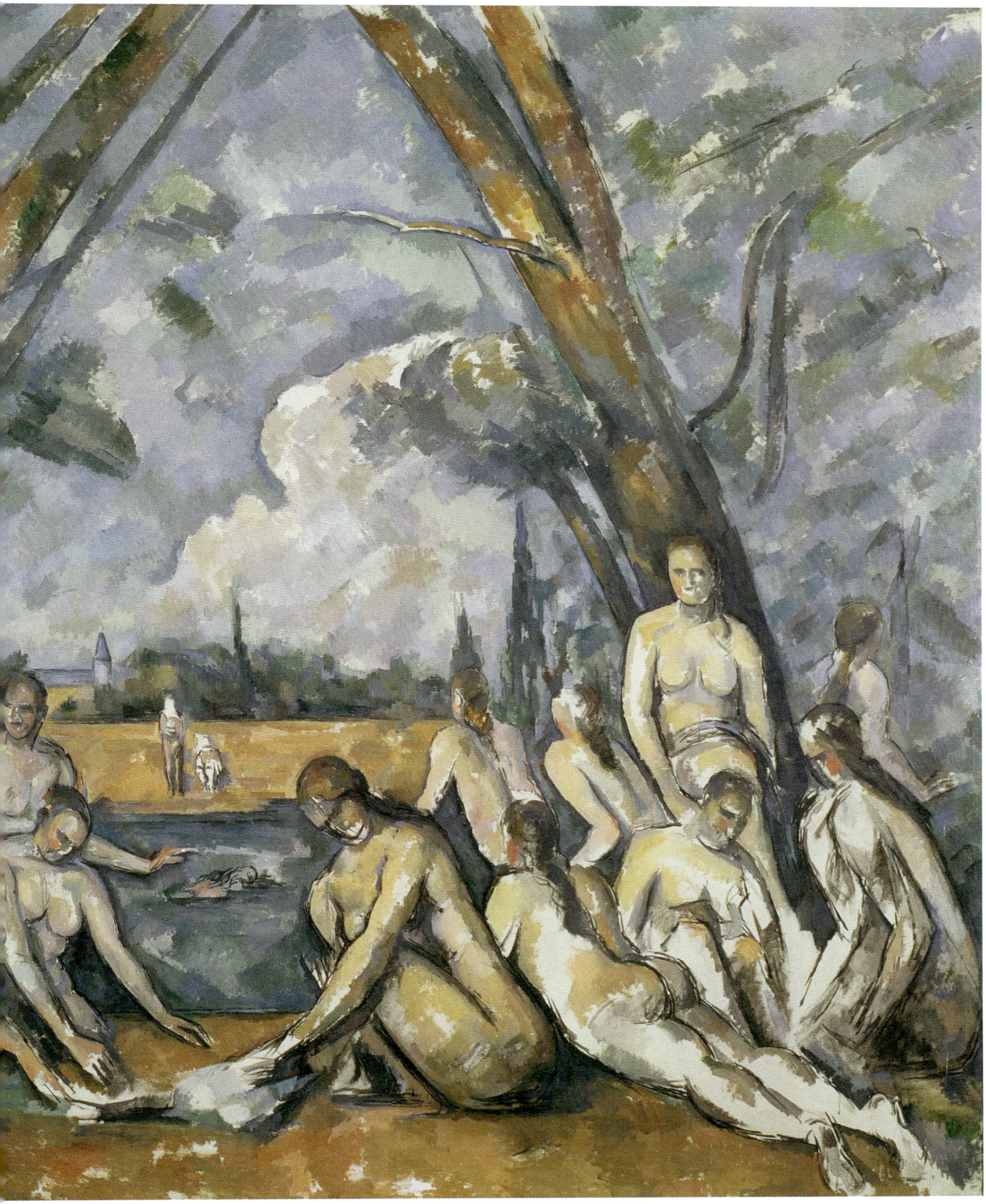

Betrachten Sie nun das gleiche Motiv in Aquarell. Bemerken Sie, dass da etwas aufbricht von einer ganz anderen Qualität? Sehen Sie, wie hier etwas Flüssiges, etwas Weiches, was sich mit Ölfarben nicht zeigen lässt, zur Erscheinung kommt?

In dieser Aquarellmalerei gestaltet sich aus dem weißen Hintergrund, aus dem Blau und aus dem Grün, aus ganz wenig Gelb, einer Spur von Purpur und aus feinstem Rosé eine Bildgestalt. Hier können wir nicht mehr den Eindruck haben, dass diese Welt aus plumpen, massiven, sehr stark ihre Wirklichkeit behauptenden Dinglichkeiten, die ins Bild gebracht werden und dem Bild die Struktur geben, zusammengesetzt ist. Vielmehr zeigt sich, dass sie sich gerade hier auflösen. Es kommt ein anderes Verhältnis zustande: Das Bild differenziert die anschauliche Einheit so weit aus, als ob der einzelne Gegenstand, das Dingliche wie aus ihr heraus geboren wird, als ob man aus der Einheit des Bildes die Plastizität, die Eigenform, aber auch die Beziehung der einzelnen Elemente untereinander hervorgehen sieht. Die Einheit ist hier nicht mehr nur gegeben aufgrund eines fertigen Musters, das ins Bild tritt und das im Bild belebt wird, sondern es tritt eine besondere Qualität auf, die so geartet ist, dass sich aus der bildlichen, anschaulichen Einheit das einzelne Element heraus gestalten kann, ohne dass die bildliche Einheit verloren geht.

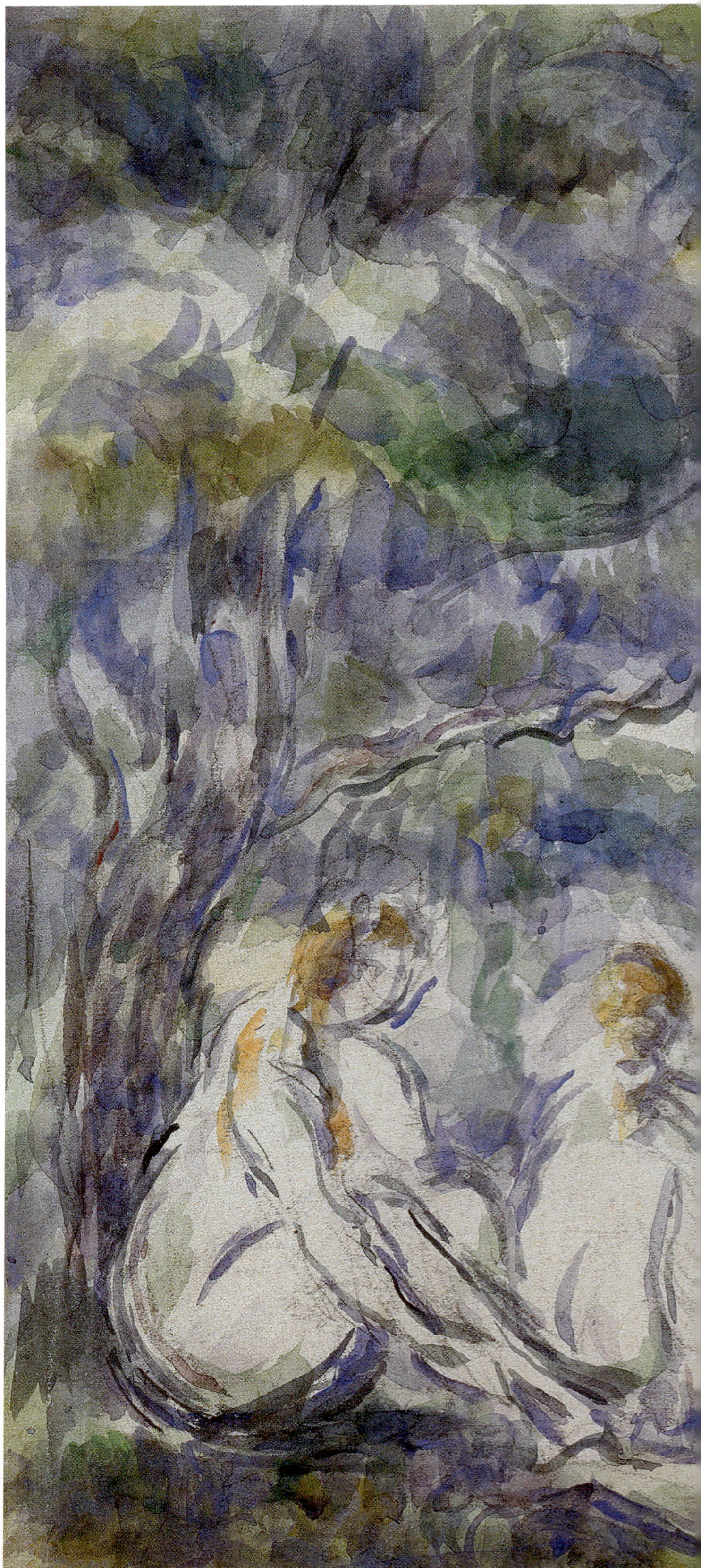

22 | Paul Cézanne, **Badende**, 1902–1906

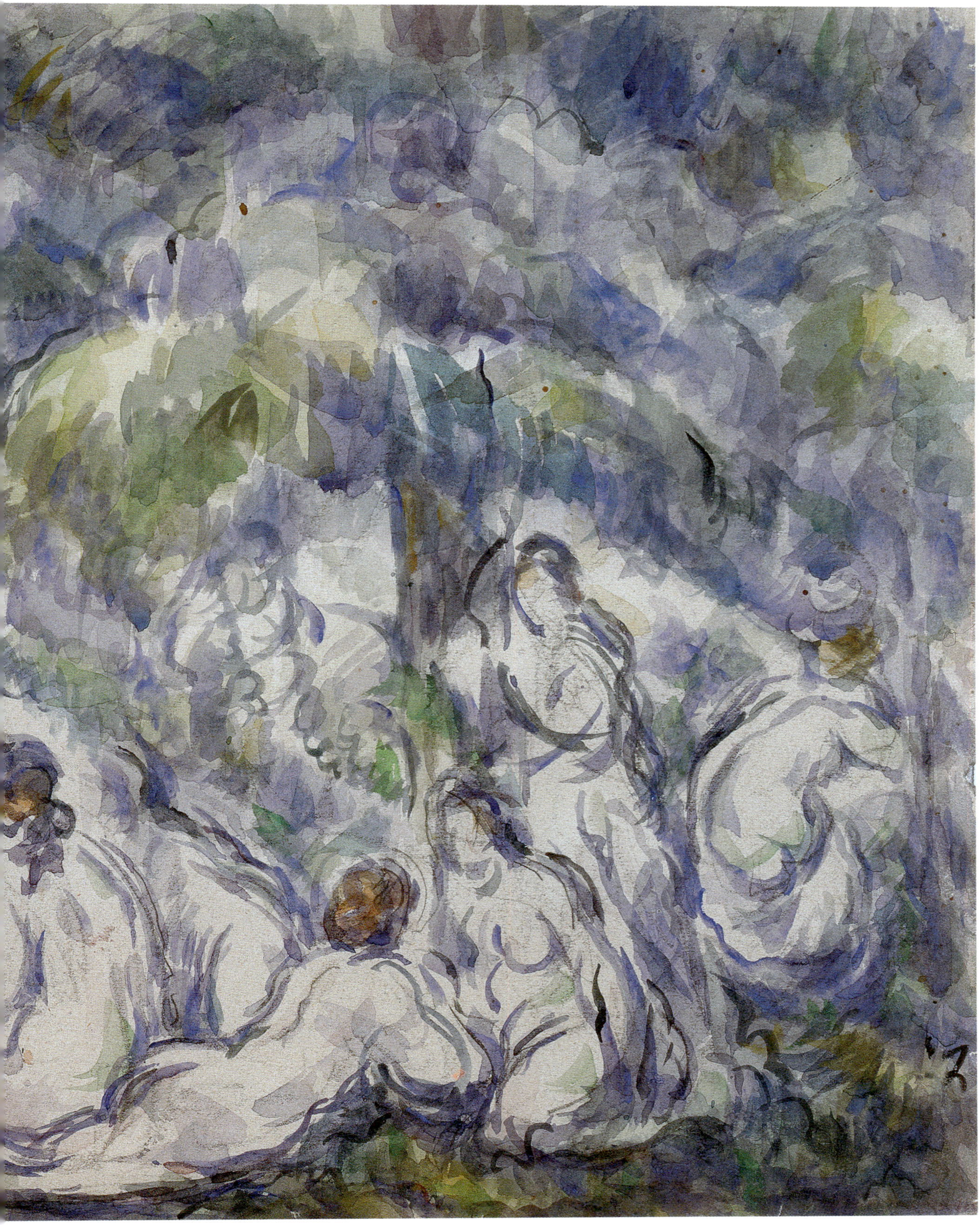

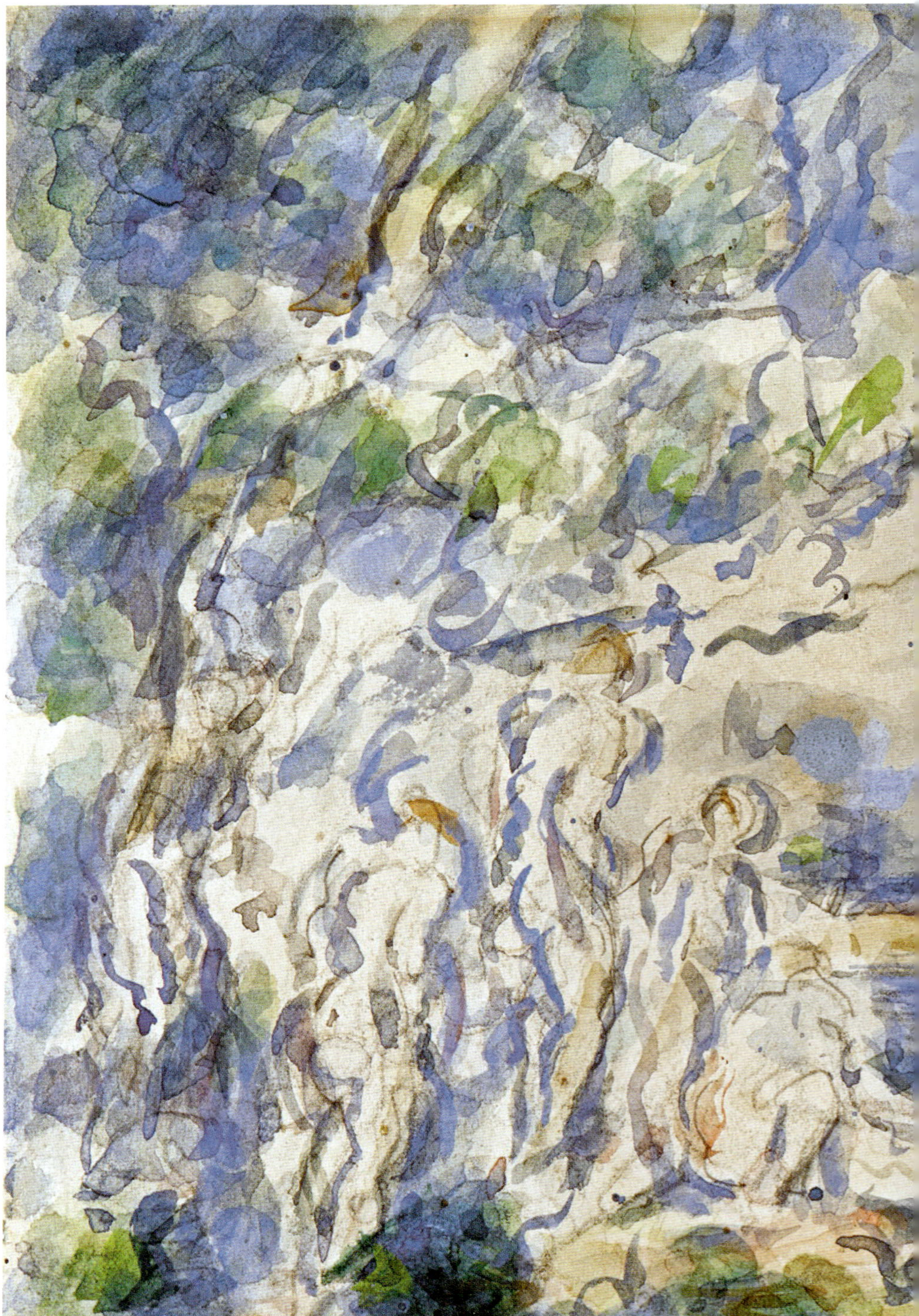

23 | Paul Cézanne
Badende vor einem Berg
1902–1906

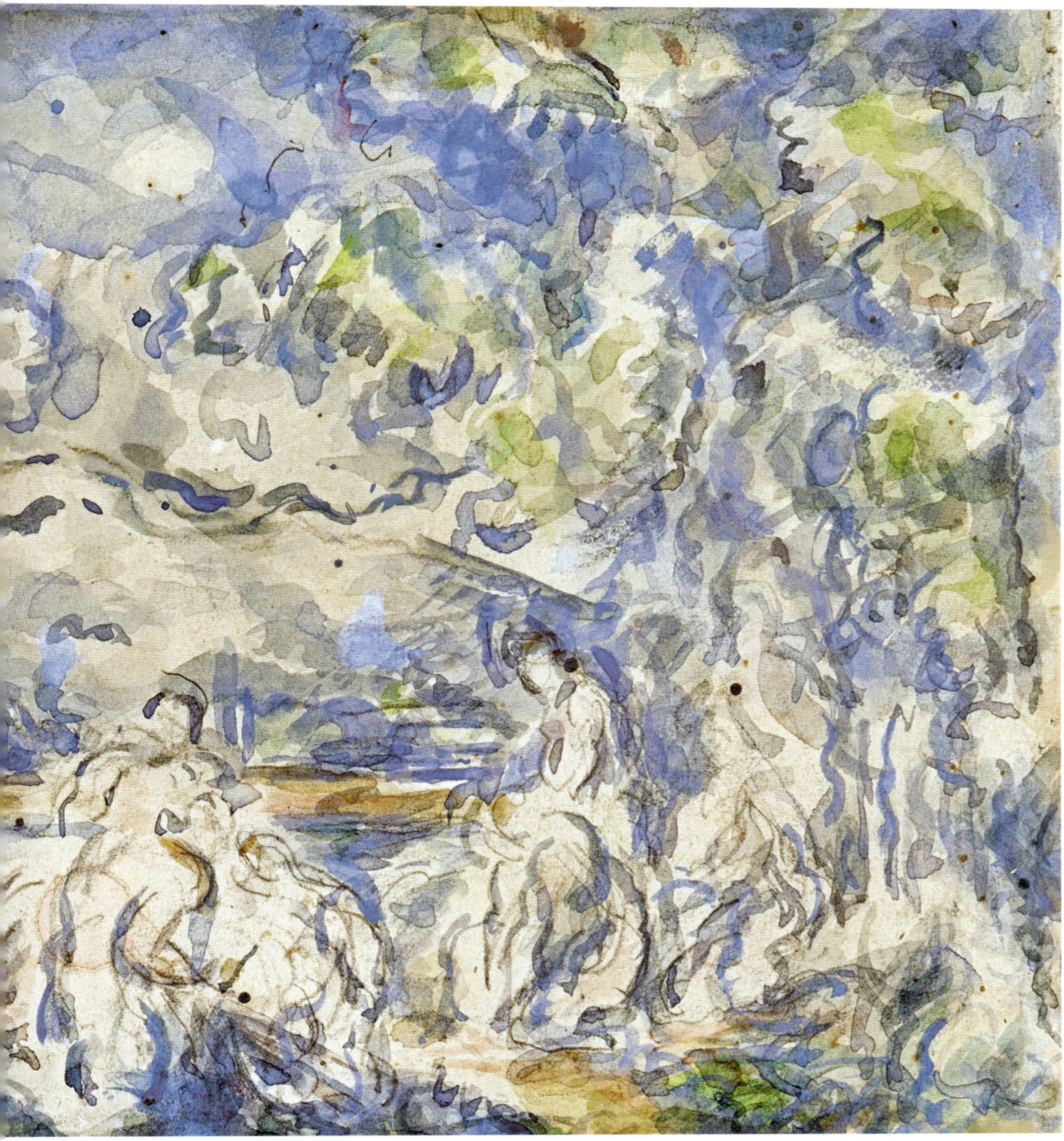

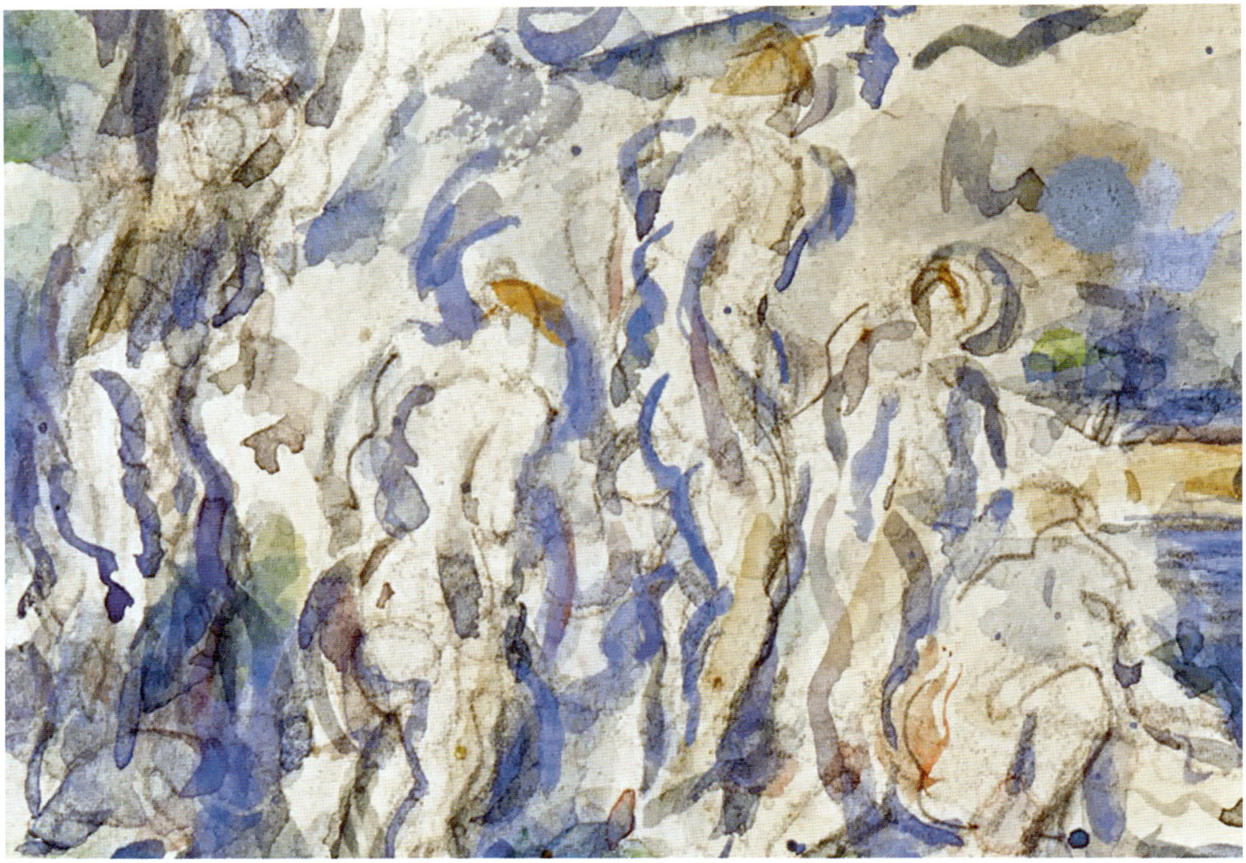

Wir finden hier wieder das Motiv der badenden Gestalten. Auf der Leinwand sind nun ganze Zonen freigelassen. Man kann bemerken, dass uns diese offenen Elemente besonders dort begegnen, wo man mit einer traditionellen Bildauffassung vielleicht sagen würde: „Hier ist das Bild aber unfertig, denn es ist ja nicht geschlossen mit Farbe bedeckt!" Es bleibt hier etwas frei. Dort nämlich, wo Körperlichkeit ist, wo Festigkeiten, wo Wolkenränder, wo Felsenränder sind, dort bleibt etwas frei, bedeckt sich nicht. Die Folge ist, dass der, der das sieht, nun nicht nur angeregt wird, den Gegenstand aus der Einheit des Bildes herauszubilden, sondern sogar das, was dort sichtbar wird, selbst noch weiter zu ergänzen und in den Farbprozess des Ganzen mit hineinzunehmen. Das ist der erste Schritt.

Es kommt nun zu einem zweiten, qualitativ fast nicht mehr in Worten zu beschreibenden und doch in seiner Bedeutung kaum zu ermessenden Schritt: dass nämlich in Cézannes Bildlichkeit nicht nur die Einheit von Ding und Welt, von menschlichem Körper und Natur sichtbar wird, sondern dass diese anschauliche Einheit etwas Über-sich-selbst-Hinausgehendes ins Bewusstsein bringt. Dieser Schritt wird nicht als ein statisches So-und-nicht-Anders, also als eine unveränderliche Gewordenheit gegeben, sondern begegnet uns dadurch, dass die Betrachtenden selbst in eine Bewegung kommen. Sie können so die Bildwelt auch als ein sich veränderndes, sich vor Augen umgestaltendes und neu gestaltendes Element entdecken.

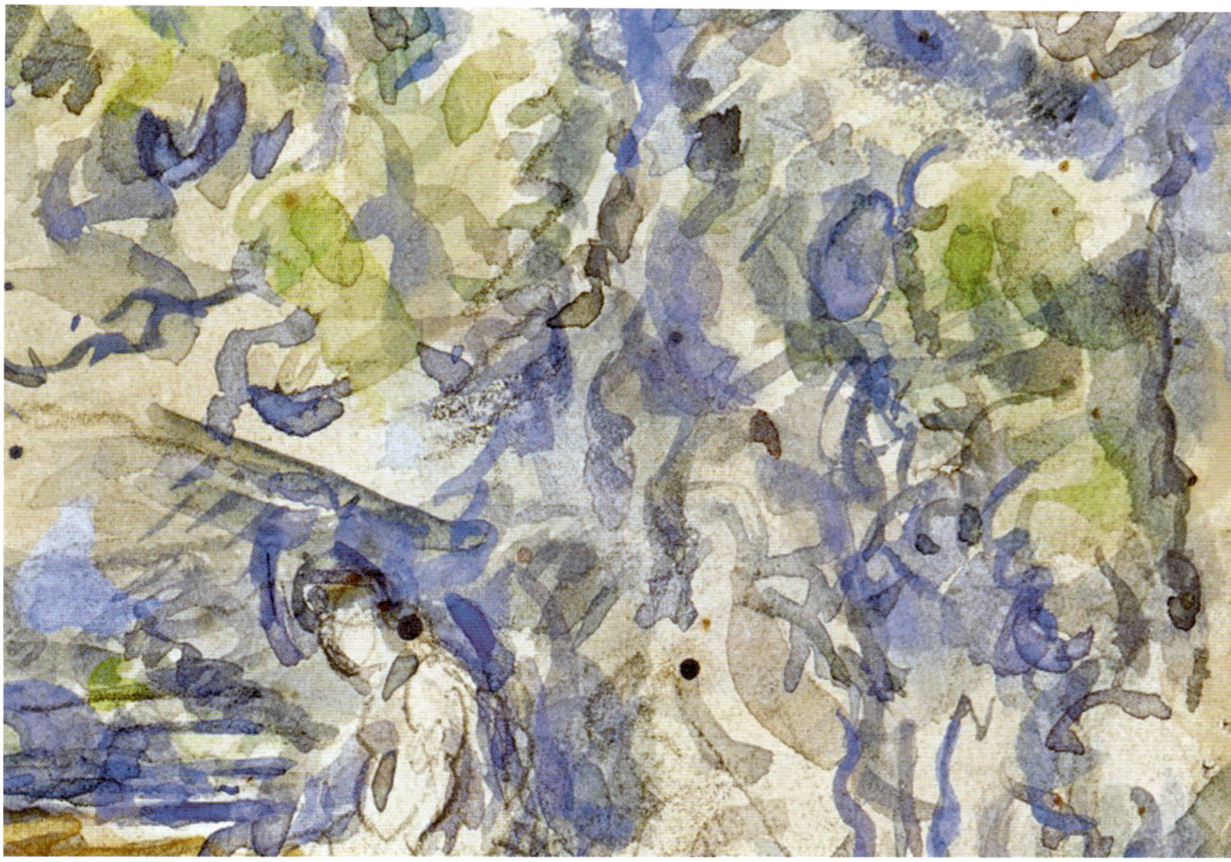

Wenn Sie jetzt das Bild eine Zeitlang ansehen, dann können Sie bemerken, dass einmal die einzelne Figur mehr ins Bewusstsein tritt. Und wenn man dann eine Weile die Farbflecken in der rechten Bildhälfte ansieht, dann gehen diese Figurationen in diesen verschiedenen Flecken wie unter. Wenn man aber den Blick gezielt auf die nicht bemalten Flächen richtet, dann dunkeln sich diese ab.

Das kennen wir ja: Sobald man eine blendende Fläche anguckt, bewirkt schon allein die Helligkeit, dass die Physiologie der Augen die Gegenfarbe bildet. Das macht das Auge sozusagen nolens volens aus seiner Anschauungstätigkeit schon von selbst.

„Nimmt man nicht jeweils mit der eifrigsten Neugierde einen neuen Cézanne zur Kenntnis, obwohl der Meister von Aix immer wieder dieselben Bilder gemalt hat?“ [28]

Henri Matisse

Nun gibt es auch Bilder, bei denen spielt dieses alles keine Rolle. Da können Sie draufgucken so lange Sie wollen, da können Sie Gegenbilder haben, so viele Sie haben möchten. Die *Odaliske* von Ingres zum Beispiel: Selbst wenn sich das Auge adaptiv auf die Farbgegebenheiten einstellt und sich nach und nach beim ruhigen Hinblicken die Farbwerte subtil verändern, dann hat das für das Ganze des Bildes keine nennenswerte Bedeutung. Dieses Aquarellbild hingegen, das wieder das Thema *Badende* behandelt, ist im höchsten Grade empfindlich bezüglich des physiologischen Nachbildeffekts. Dieser tritt nicht als etwas Gesondertes auf, sondern er tritt gerade dadurch ins Bewusstsein, dass sich die hellen Flecken wie verschatten. Wenn man mit dem Kopf ruckt, merkt man genau, wie sich die Verdunkelungen leicht verschieben – wenn man den Blick behutsam weiterbewegt, lassen sich die Nachbild-Effekte sogar eine gewisse Zeitlang verfolgen.

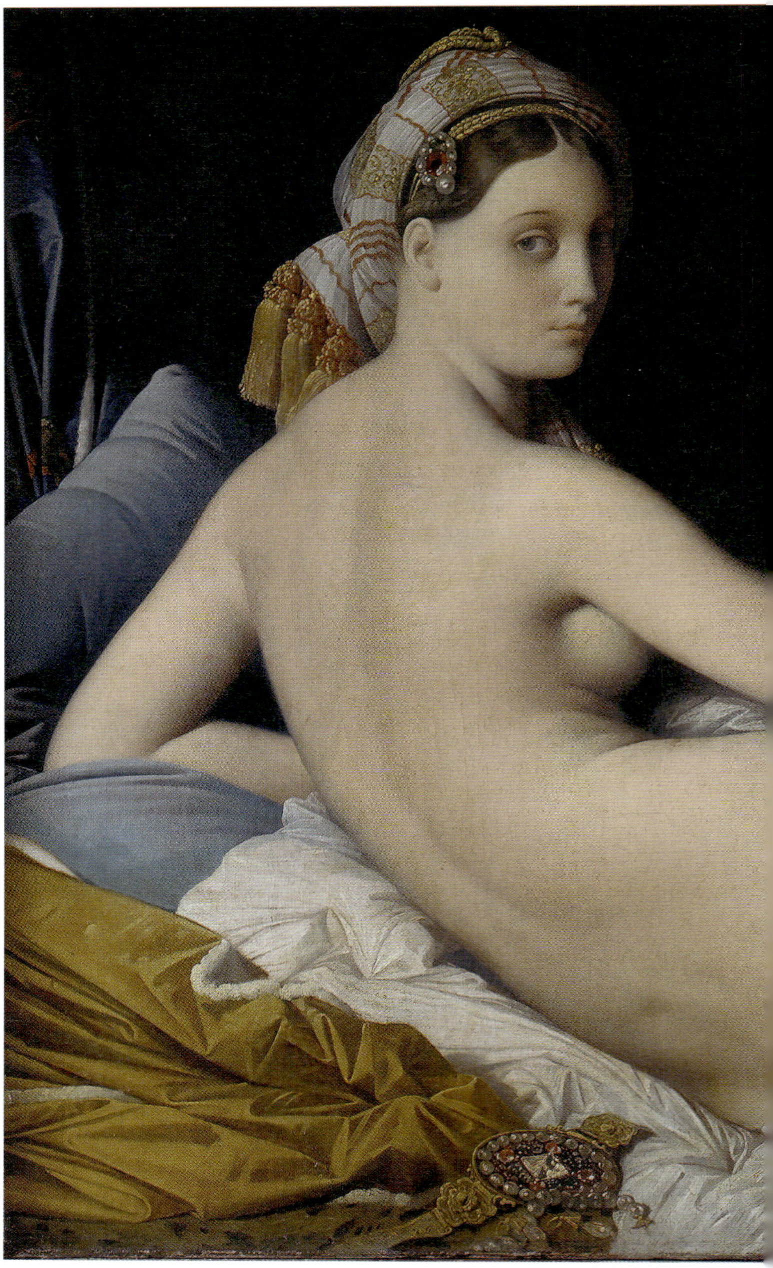

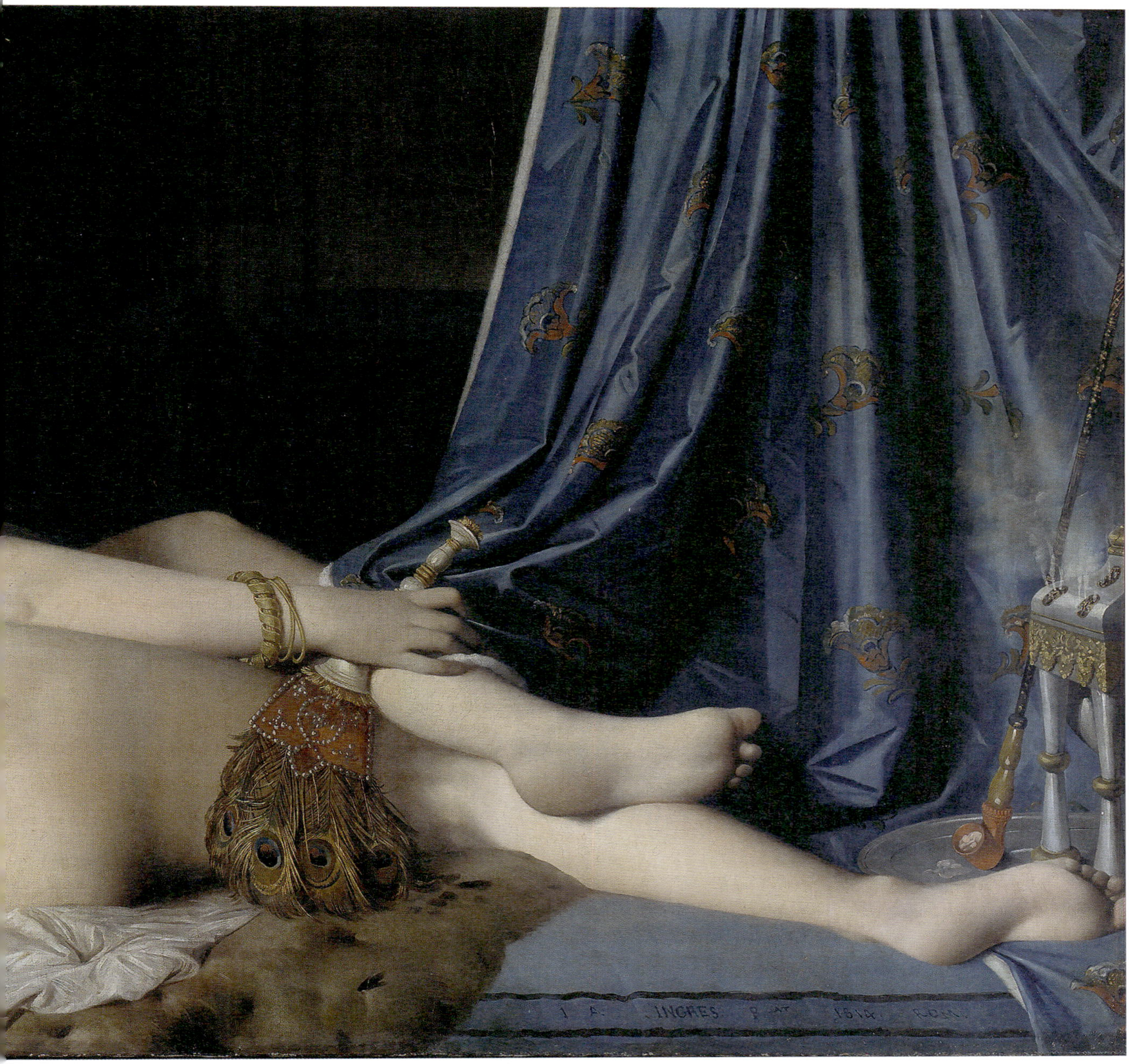

24 | Jean-Auguste-Dominique Ingres,
Die große Odaliske, 1814

Die Nachbildphänomene sind die Ergebnisse langen Verweilens vor dem Bild, des Erprobens, eines intimen und ausdauernden Umgangs mit dem Sichtbaren. Dadurch zeigt sich etwas ganz Erstaunliches. Denn wir hatten ja gesagt: Cézanne gelingt es nicht nur, die perspektivische Vorstellung zu dekonstruieren und dadurch neue Offenheit für unser Vorstellungsleben zu schaffen; es gelingt ihm nicht nur, eine neue Sicherheit bezüglich der Anschaulichkeit des Bildes einzubringen, was dafür sorgt, dass die Dinge ihren Ort haben. Vielmehr kommt in einem dritten Schritt noch dazu, dass die entscheidende Sicherheitsinstanz, nämlich die einheitsstiftende Kraft der Bildfläche, in Frage gestellt wird. Indem die Einheit des Bildes angezweifelt wird, entsteht Raum für eine Offenheit, eine Wandlungsfähigkeit und Beweglichkeit. Die Einheit ist nicht konsistent, sie ist nicht verlässlich. Doch was bleibt uns dann überhaupt noch?

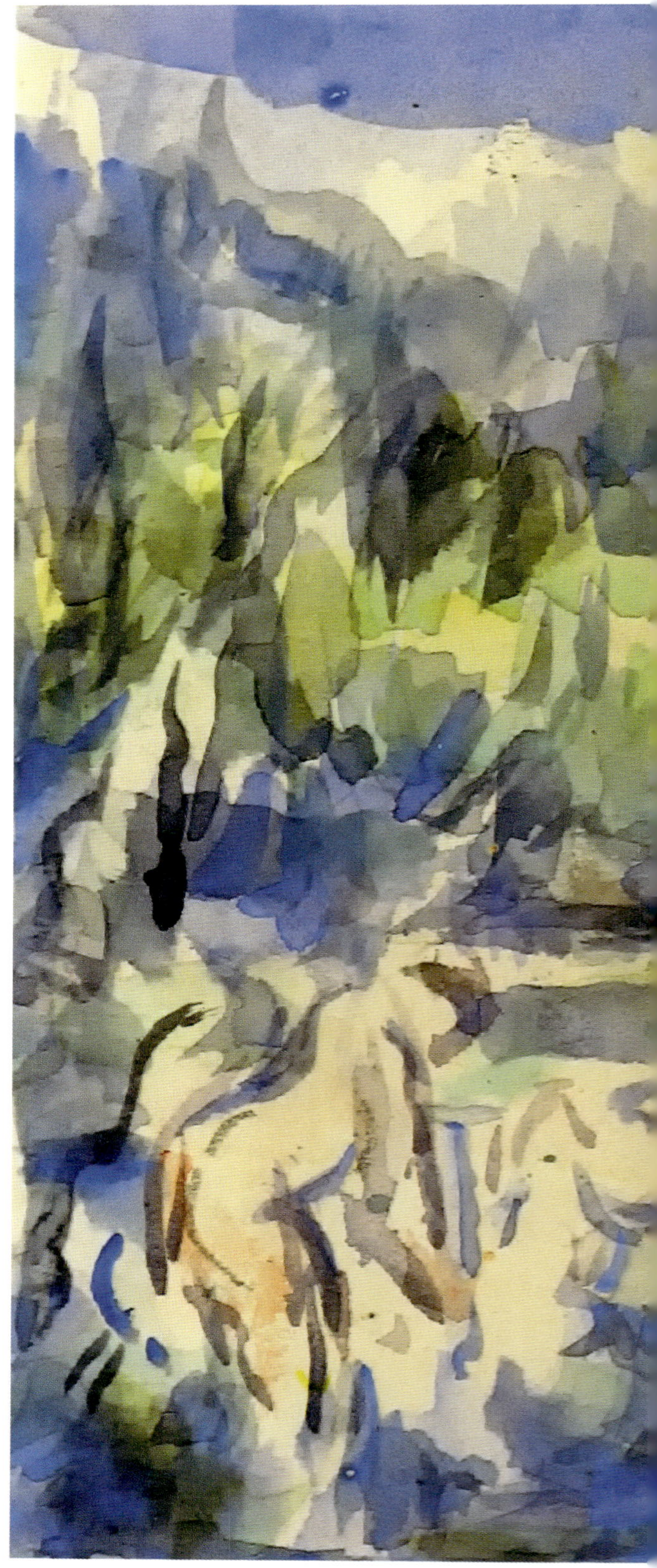

25 | Paul Cézanne, **Badende**, 1902–1906

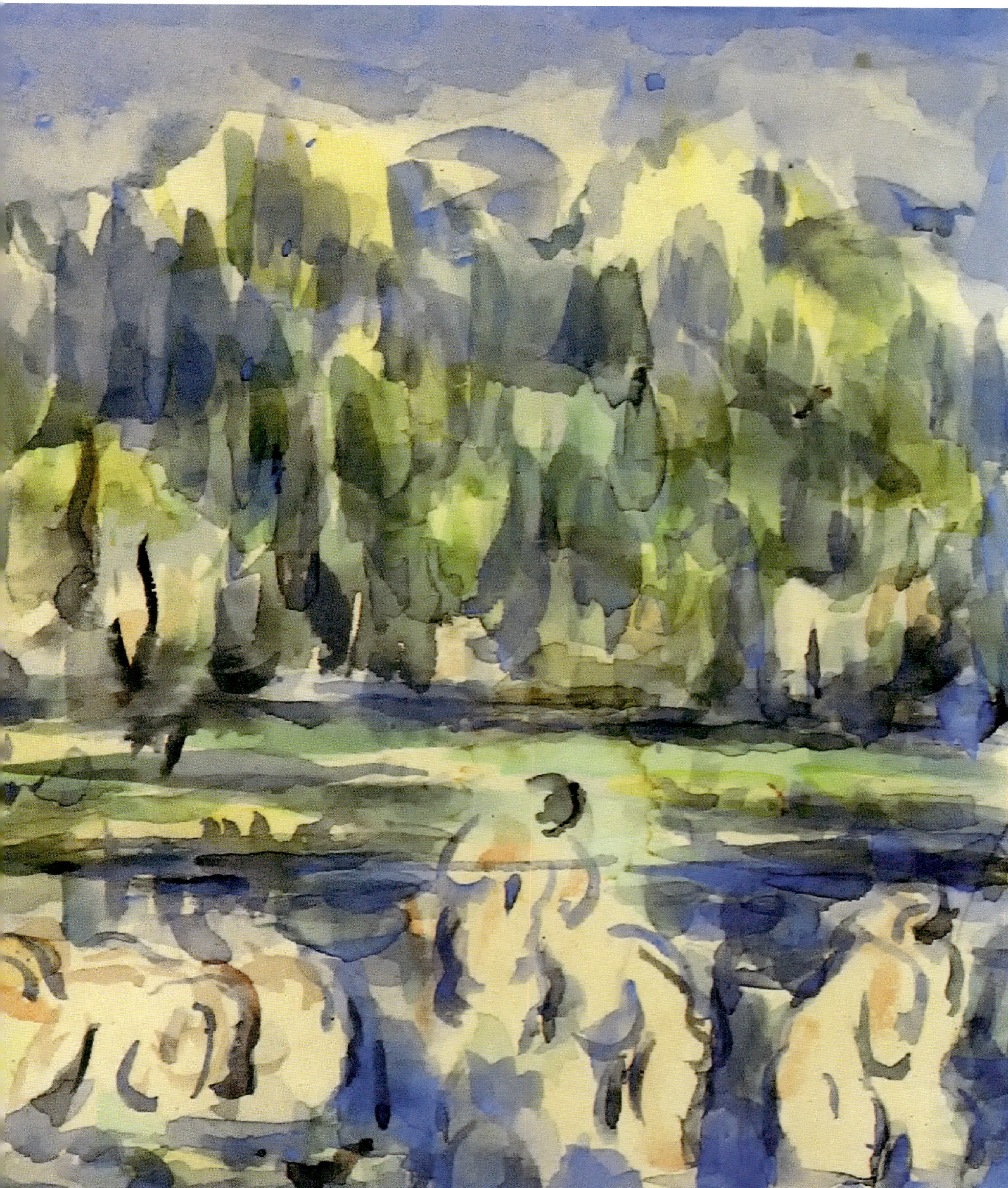

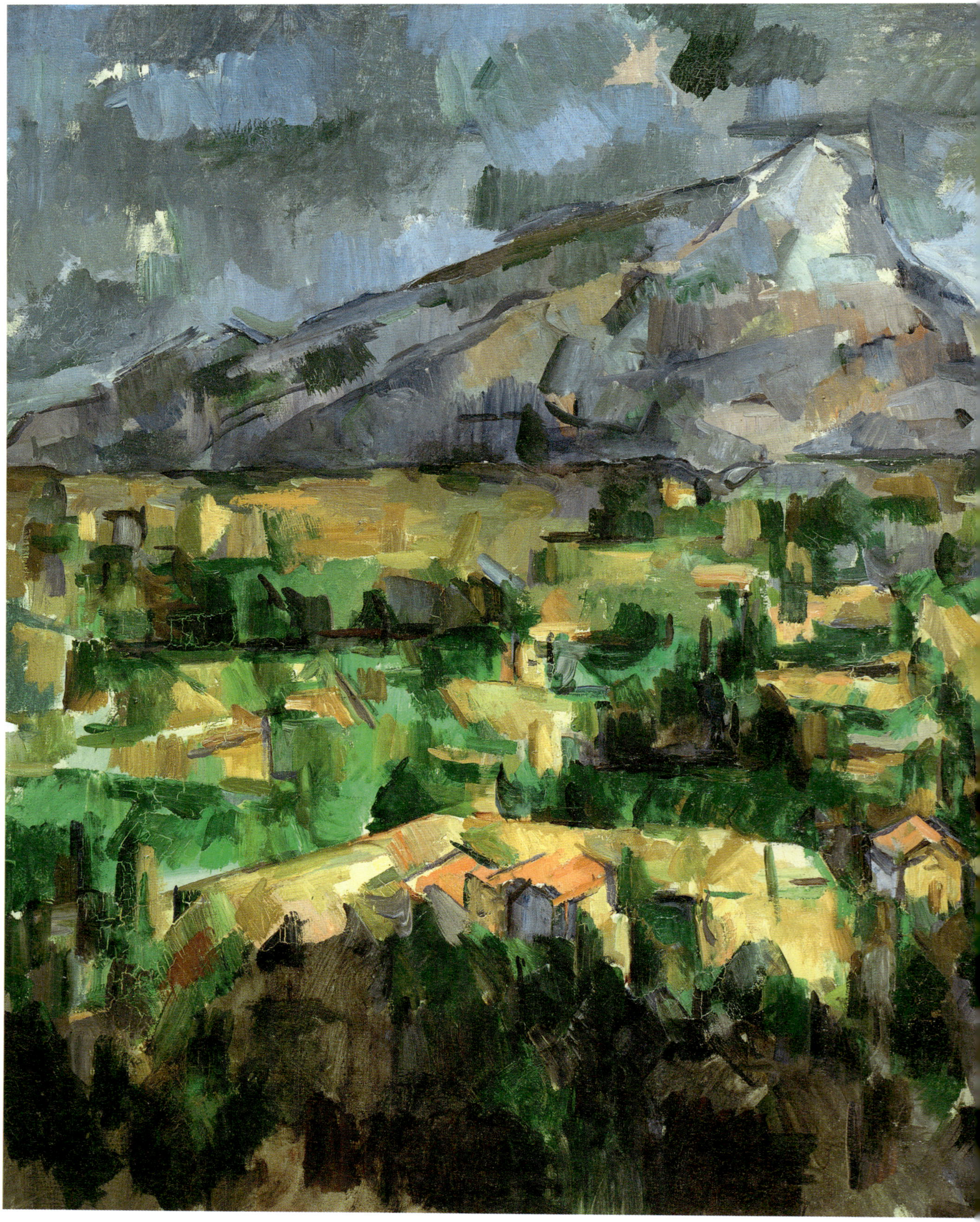

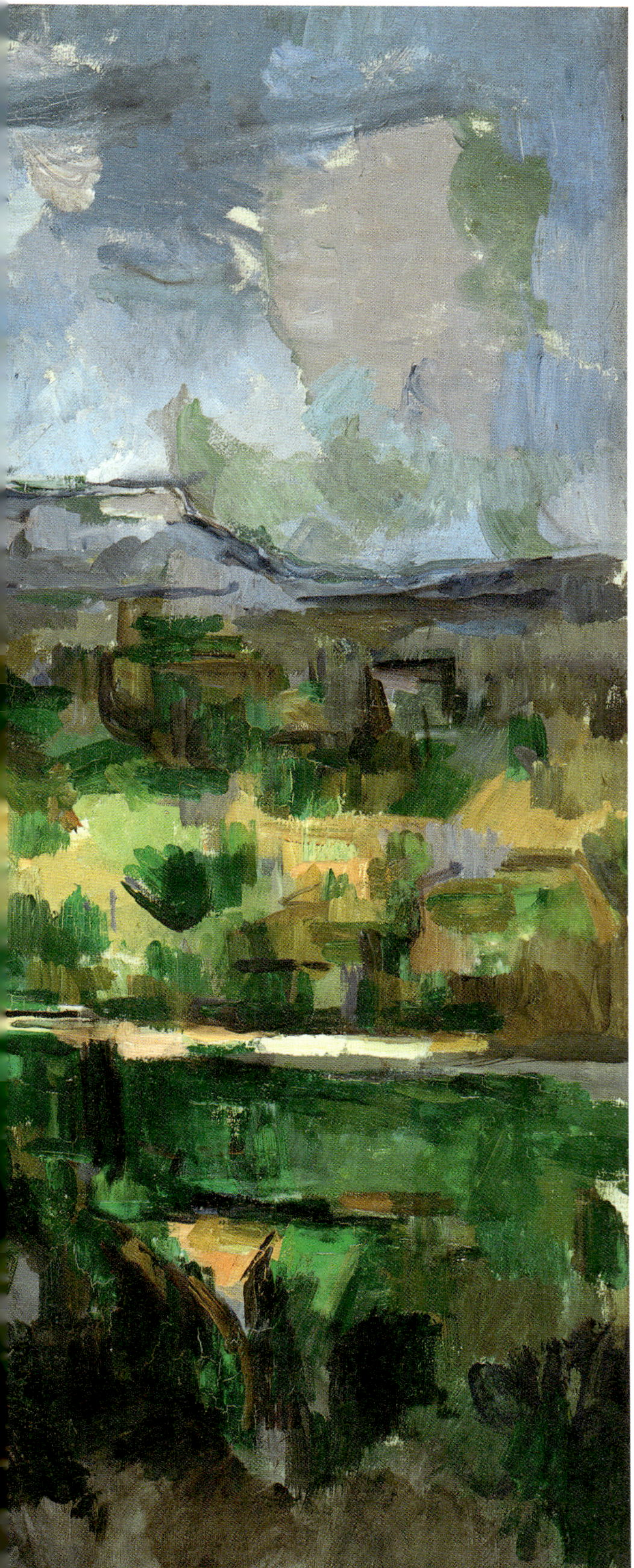

Wir stehen hier nun vor dem Rätsel der Malerei Cézannes schlechthin.

Ich bitte Sie nun, ein kleines Experiment zu machen. Sie sehen ja ziemlich schnell, dass hier auf dem Bild ein Berg dargestellt ist, und diejenigen von Ihnen, die gut orientiert sind, wissen auch, dass das der Montagne Sainte-Victoire in der Nähe von Aix-en-Provence ist.

Am unteren Bildrand haben wir eine dunkle Zone, vielleicht ein Stück Wald. Ich bitte Sie etwas zu probieren: Bringen Sie Ihren Blick hierin zur Ruhe, halten ihn dort, aber senden nun Ihre ganze Aufmerksamkeit in das Bildganze, ohne den Blick von dort unten wegzubewegen. Machen Sie einen Kuhblick – in Schwaben sagt man „glotzen" –, dass man also einfach nur hinguckt. Halten Sie den Blick möglichst lange ruhig. Also einfach nur hinstarren, das Auge nicht bewegen, und dabei auf das ganze Bildtableau achten.

Obwohl das eine große Gefahr der Über-Didaktik ist: Wenn Sie es für sich noch einmal probieren wollen, dann können Sie das Auge vorher schließen und sich vornehmen, wohin Sie dann hinblicken werden, um mit frischem und ruhigem Auge auf den ausgewählten Fleck zu gucken und das Bildganze zu beobachten. Es kommt darauf an, nicht wie sonst dem Interesse mit dem Auge zu folgen, sondern das Interesse im Bildfeld zu bewegen, das Auge aber stehen zu lassen.

Fällt Ihnen irgendetwas auf?

26 | Paul Cézanne, **Montagne Sainte-Victoire**, 1902–1904

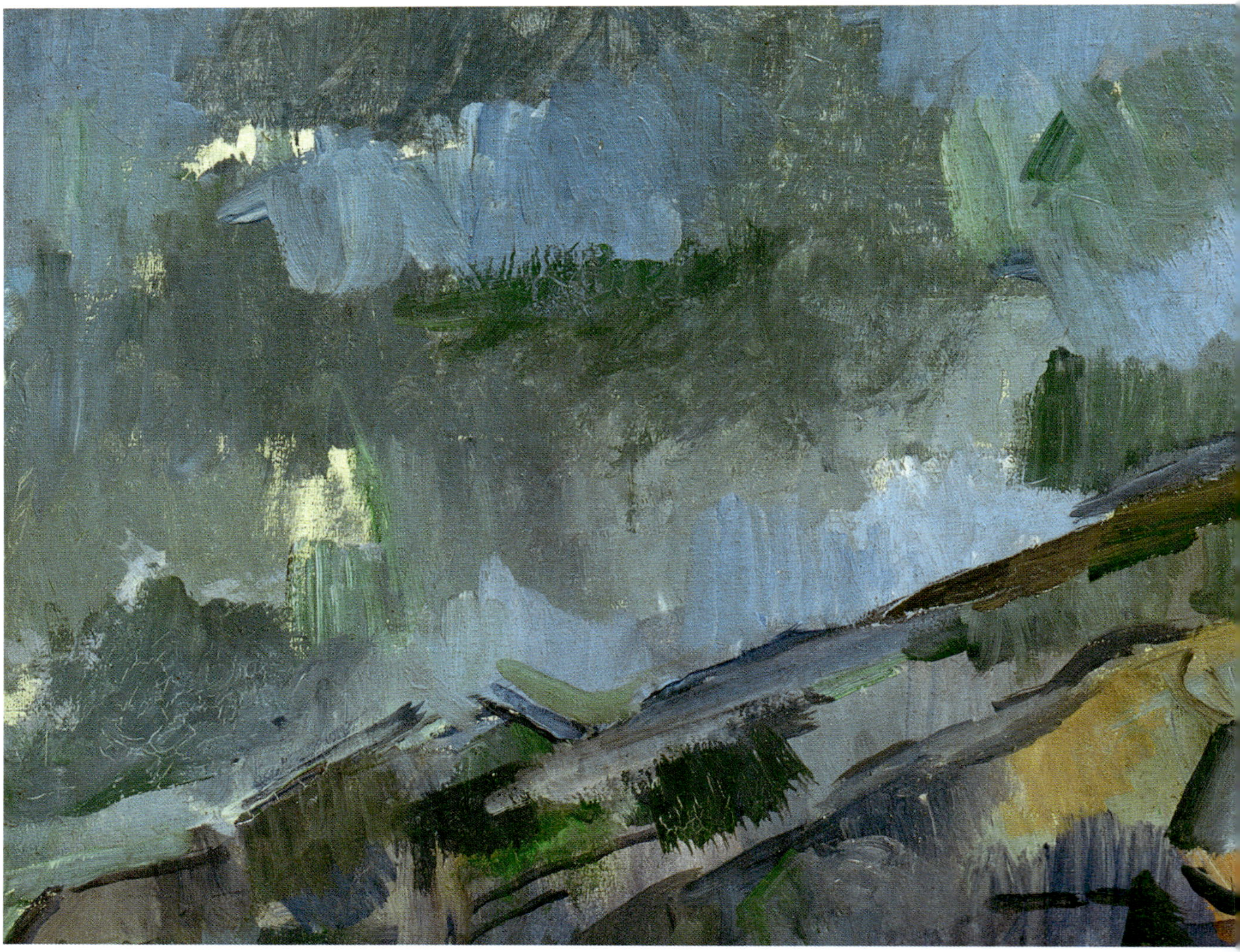

„Das Gemälde wirkt ausgesprochen sonnig und der Berg im Hintergrund verschwindet." „Die grüngelben Flecken erscheinen beim Betrachten wie in den Himmel gehoben und die Landschaft verändert sich ständig." „Die einzelnen Flecken gehen mal in die Tiefe, mal kommen sie wieder hervor. Auch kommt das Bildganze in eine Art Wechselbewegung: Mal wirkt alles wie aufgelöst, mal scheint es zu schweben, mal fügt sich alles wieder neu zusammen."

Das sind Beobachtungen, die Sie niemandem erzählen können. Das kann man wieder nur selbst erleben. Und Sie kommen jetzt an den Punkt, mit dem die Ästhetik steht und fällt: Ästhetik kann gar keine Lehre sein! Ästhetik ist ein Bewusstmachen eigener Erfahrung. Erfahrung kann aber nur eigen sein. Man kann sie nicht machen lassen. Und hier kommt es darauf an, dass jeder für sich das selbst bemerkt.

Wir hatten schon gesagt, dass es verschiedene Tendenzen in der Betrachtung gibt. Man kann zum Beispiel Gewohnheitskräfte aktivieren, indem man sagt: „Das erkenne ich doch, das ist der Montagne Sainte-Victoire, das ist ein Haus, und das sind Bäume! Cézanne hat es ja auch so genannt. Wo ist das Problem?"

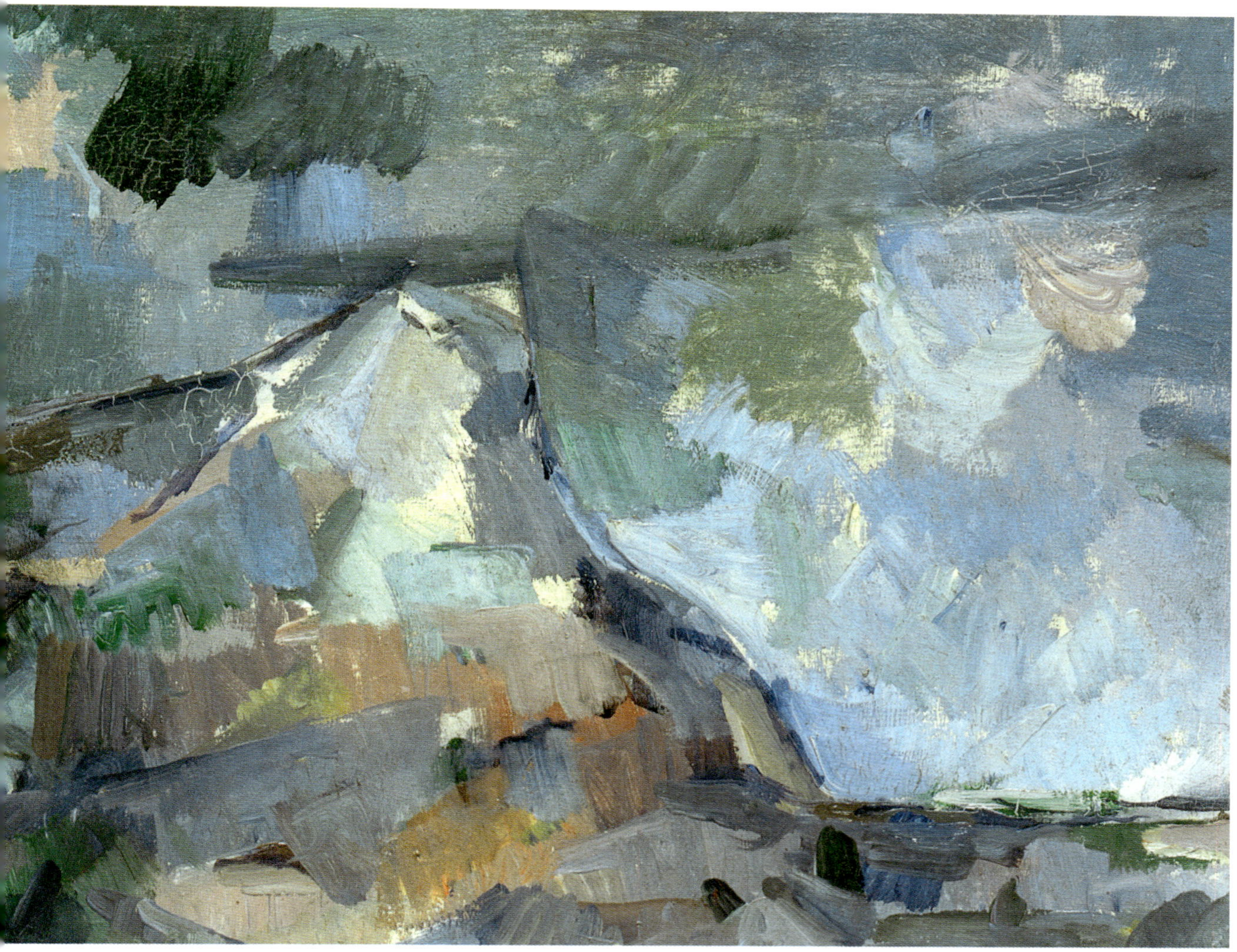

„Lange blieb ich ohnmächtig und unfähig, den Sainte-Victoire zu malen, weil ich, wie die anderen, die nicht sehen können, mir einbildete, der Schatten sei konkav, während er (…) in Wirklichkeit konvex ist, er flieht von seinem Mittelpunkt. Statt sich niederzusenken, verflüchtigt er sich und löst sich auf. In seiner Bläue nimmt er teil an dem umhüllenden Atem der Luft."[29]

Paul Cézanne

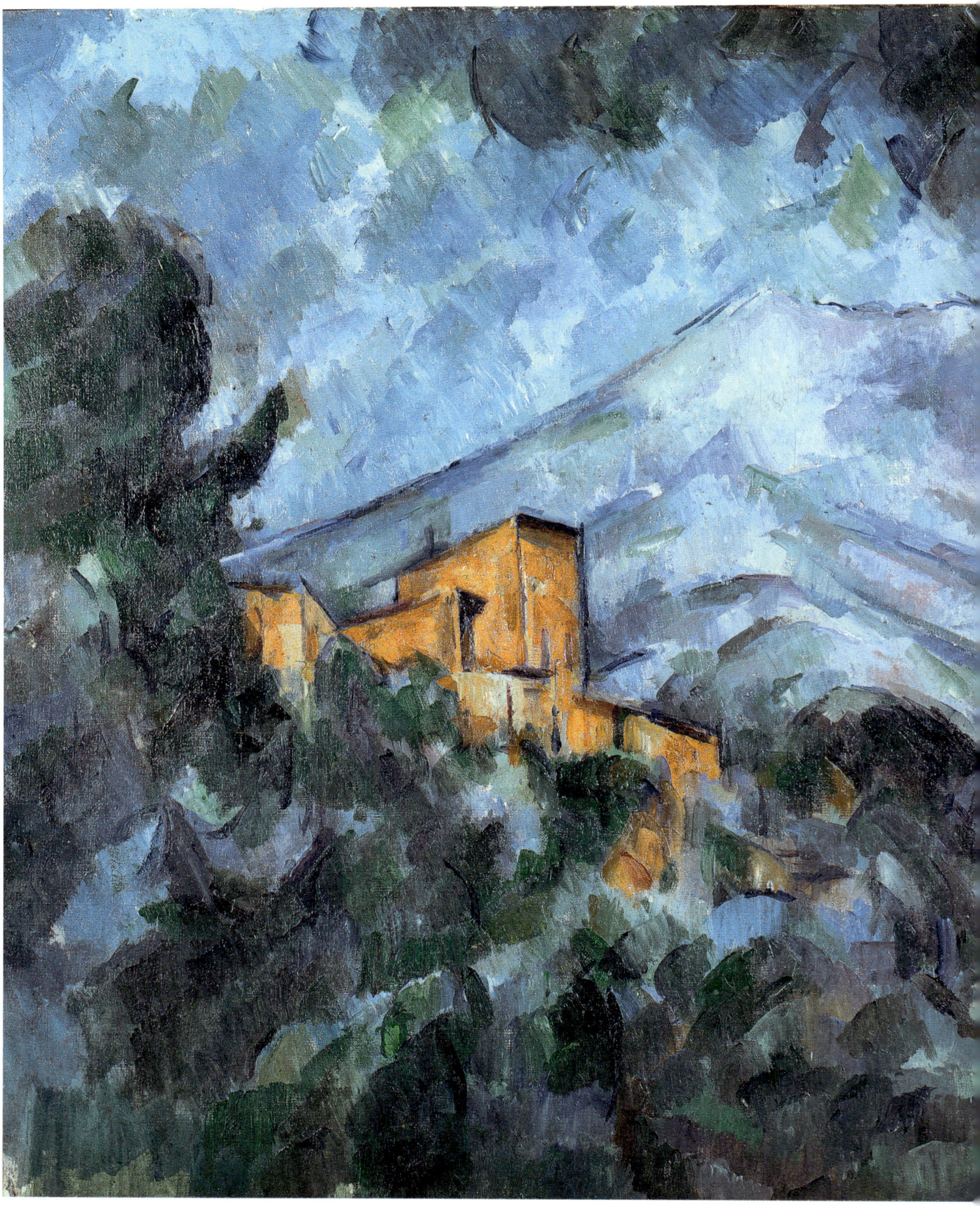

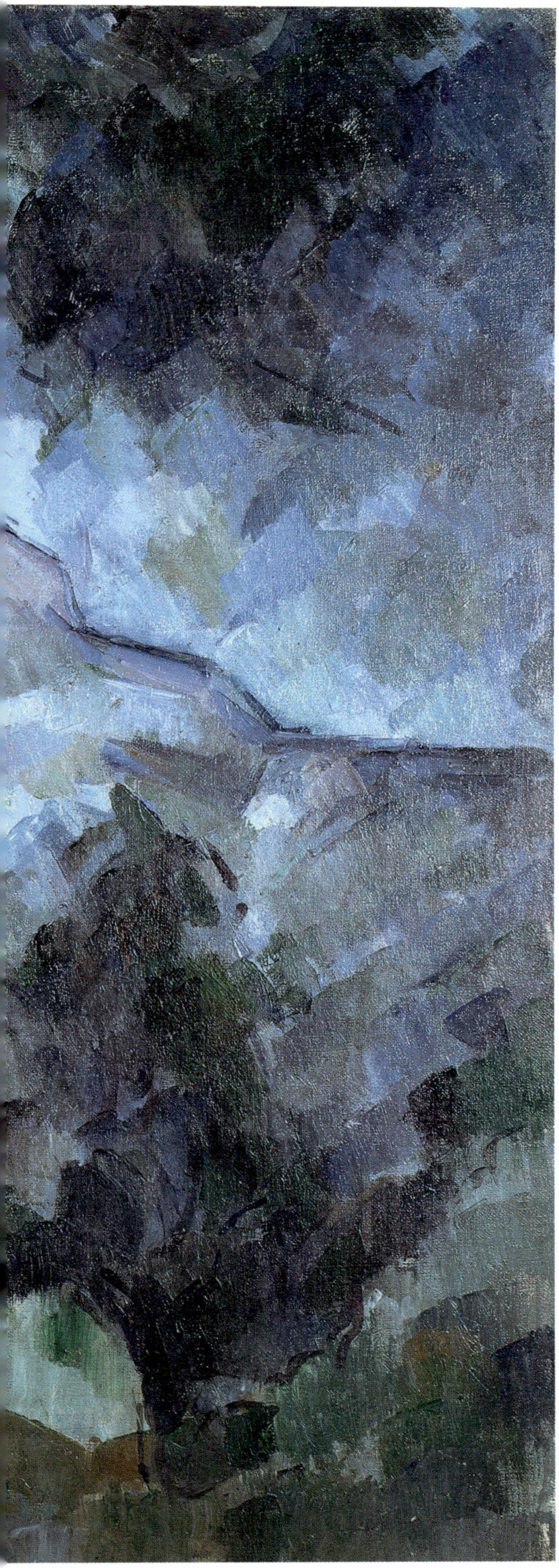

Wenn man auf dem dunklen Fleck relativ mittig im Bild den Blick eine Weile ruhen lässt, dann kann der Eindruck einer Bewegung entstehen. Das fühlt sich dann erst einmal an wie eine Auflösung, wie eine Entgewichtung, ein Weggehen von den Formen, ein Verlust von Kontur. Dann kann das Bild plötzlich zu einer völlig gleichmäßigen, das heißt gleichwertigen Struktur werden, die hell und dunkel zugleich ist, in die man überhaupt keine Ordnung mehr bringt, wo zwar alles am Platz bleibt, aber dennoch irgendwie sinnlos nebeneinandersteht, sich verliert und sich ins Ganze bringt.

Nun aber lässt sich bei fortgesetzter Betrachtung ein besonderer Effekt beobachten: Das Bild vertieft sich, das Dunkle sackt wie in die Tiefe, das Helle springt plötzlich heraus, und dann kann sich das plötzlich in einer bestimmten Weise, wenn es gerade so ganz lebendig ist, wieder verdichten, ganz kristallin werden, sich strukturieren, plötzlich unabweisbar perspektivisch und gegenständlich wieder ins Bewusstsein treten.

Es löst sich also nicht einfach nur auf oder bildet sich und bleibt starr und fest. Vielmehr kommt es darauf an zu entdecken, dass sich im Anschauen eine Art Doppelprozess von Bildung und Entbildung eröffnet, wenn man das Bild lange genug anschaut. Sie haben im Blickverhalten prinzipiell nur zwei Möglichkeiten: Entweder Sie halten den Blick still oder Sie wandern mit dem Blick: Im ruhenden Auge entsteht die Tendenz zur „Entbildung". Es „entbildet" sich das Wissen, die Sicherheit vom Gegenstand. Und was da im Bild ist, bevor Sie überhaupt etwas erkennen, ist reine anschauliche Gegebenheit. Sie erinnern sich an die Unschuld des Auges, von der John Ruskin sprach, dass es die Welt sieht, bevor es sie begreift. Sie können den Blick also ruhen lassen oder aber mit ihm wandern, kleine Augenbewegungen machen. Probieren Sie das auch einmal beim nächsten Bild.

27 | Paul Cézanne
Das Bergmassiv Sainte-Victoire und das Château Noir, 1904–1906

„Was Cézanne mit der Wirklichkeit gemacht hat, das war viel fortschrittlicher als die [Erfindung der] Dampfmaschine.“ [30]

Pablo Picasso

Gehen Sie mal durch das Bild durch. Verbieten Sie dem Auge, an einer Struktur hängenzubleiben und ziehen Sie es immer weiter hindurch. Dann bemerken Sie vielleicht, dass das Bild sich im Blick anfassen lässt, als würde es Xylophon spielen, als wären die Dinge ganz hart. Es springt der Blick von einem Fleck zum anderen. Man muss sich mühsam zwingen, um zu bemerken, dass eine starke, dichte Konsistenz entsteht. Die räumlichen Vorstellungen von „weit weg“, von „himmelhoch“ oder von „dichter, durchsetzter, verbauter Kulturlandschaft“ treten überaus deutlich ins Bewusstsein. Und gerade in dieser Wechselwirkung ist es interessant zu sehen, wie ein und dasselbe Bild uns in den schon erwähnten Doppelprozess führen kann: In eine Art Oszillieren zwischen dinglicher Vorstellung und reiner, bildlicher Gegebenheit.

Ich möchte das fast als eine Art Atmungsprozess beschreiben, weil das eine ohne das andere nicht geht. Und so können Sie auch hier dieses Gebilde nicht auf das Phänomen „Strukturauflösung“ festlegen, sondern der Anschauungsprozess atmet zwischen „Bildkonstitution *als* Dingkonstitution“ und „Dingkonstitution *als* Bildkonstitution“. Es geht das eine in das andere über. Das Entscheidende dabei sind die Übergänge – und nicht die Grenzen.

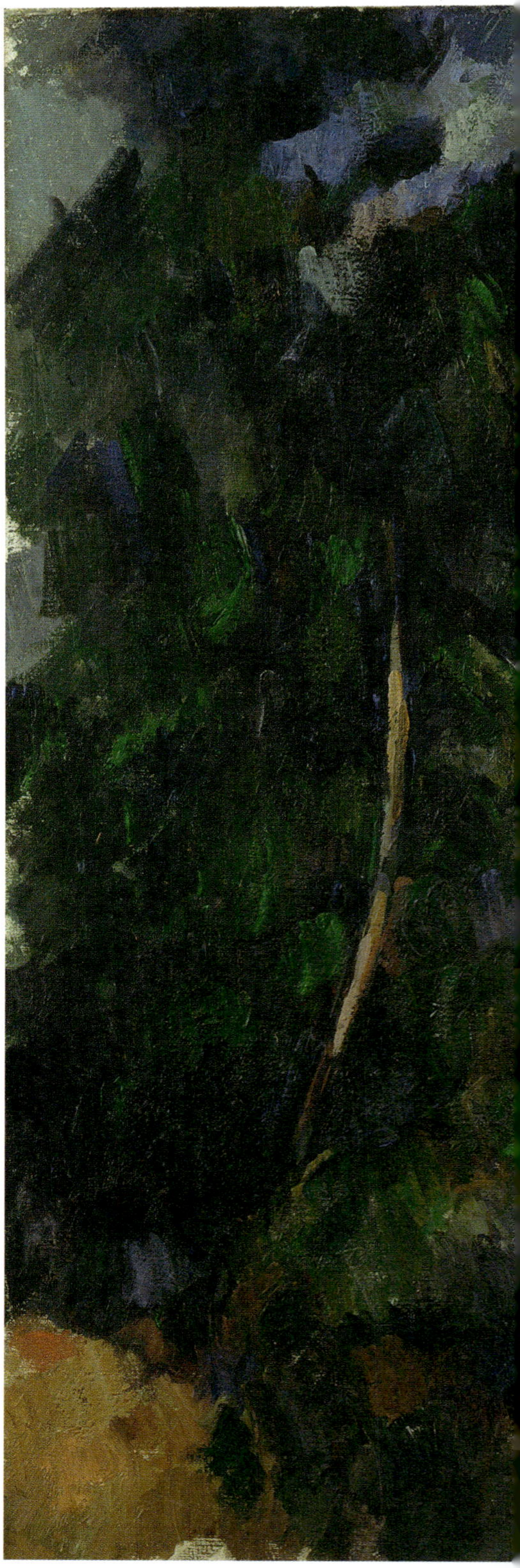

28 | Paul Cézanne, **Château Noir**, 1903–1904

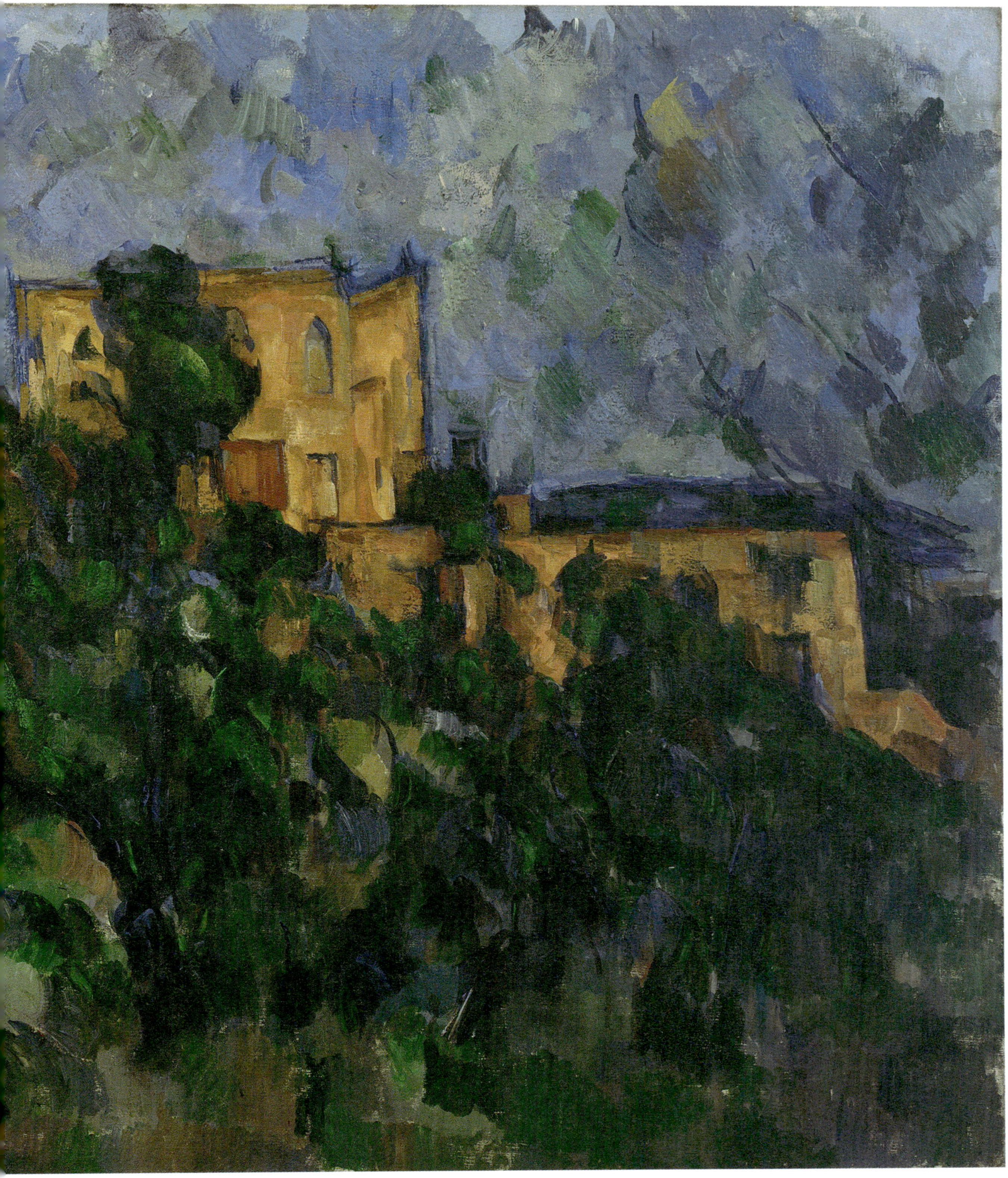

Und wenn wir das nun auf den Menschen beziehen, so können wir im Antlitz des provenzalischen Schriftstellers und Kunstkritikers Joachim Gasquet, den Cézanne hier darstellt, alles das, was wir schon besprochen haben, noch einmal vertieft beobachten: den Wechsel von kalter und warmer Farbe, das Abdunkeln, das Hervortreten der hellsten Töne, das Weiß, das ja Hintergrund ist und doch ganz oben zu liegen scheint und das Volumen der Stirn anzeigt.

Es kann an diesem Ausschnitt deutlich werden, wie sich aus den anschaulichen Erfahrungen nicht nur Landschaft und Natur bilden, sondern sich nun auch ein Antlitz zeigen kann als sozusagen die Stelle, an der das Menschenwesen am meisten auch das Bild seiner selbst ist.

Wenn wir uns gegenseitig erkennen wollen, dann schauen wir uns nicht auf die Wade, sondern ins Gesicht. Das Entscheidende bei Cézanne ist nun, dass er uns in seiner Malerei in einen Prozess führt. Aus der Bildlichkeit selbst, die konkret gegeben ist, entsteht in dem Atemprozess zwischen Farberfahrung und Dingvorstellung die bildliche Wirklichkeit.

Sie kennen ja den berühmten Satz, den Goethes Faust spricht: „Dass ich erkenne, was die Welt im Innersten zusammenhält …“[31] Das ist ja die Formel. Wir suchen ja allzu oft hinter den Dingen nach dem, was ist, was existiert.

Was hält die Welt zusammen? Sind es die Dinge selbst, die in sich konsistent sind? Oder ist das alles Staub? Sind das alles nur Atome? Denken Sie an Vorstellungen wie: „Vom Staub bist Du genommen, zu Staub musst Du wieder werden.“[32] Diese furchtbaren Vorstellungen eines entfremdeten Aggregats werden hier erfahrbar und erwecken den Eindruck, dass die Sinnlichkeit so sinnlich gar nicht ist.

Wir können an diesen Bildern erfahren, wie das Übersinnliche, das Hinter-den-Dingen-Liegende, das Einheit-Stiftende nicht woanders, sondern in unserer eigenen Sinnestätigkeit enthalten ist.

Die Botschaft Cézannes, wenn ich sie abstrakt formulieren dürfte, wäre die, dass sich die Wirklichkeitserfahrung an den Grenzen der Sinne zeigt, dass im Sinnlichen das Spirituelle selbst wirksam ist und wirklich wird auf dem Schauplatz unseres Bewusstseins. In der Wissenschaft muss ich nach dem Begriff dahinter fragen. Aber die Kunst zeigt es uns vor Augen.

29 | Paul Cézanne, **Bildnis Joachim Gasquet**, 1896

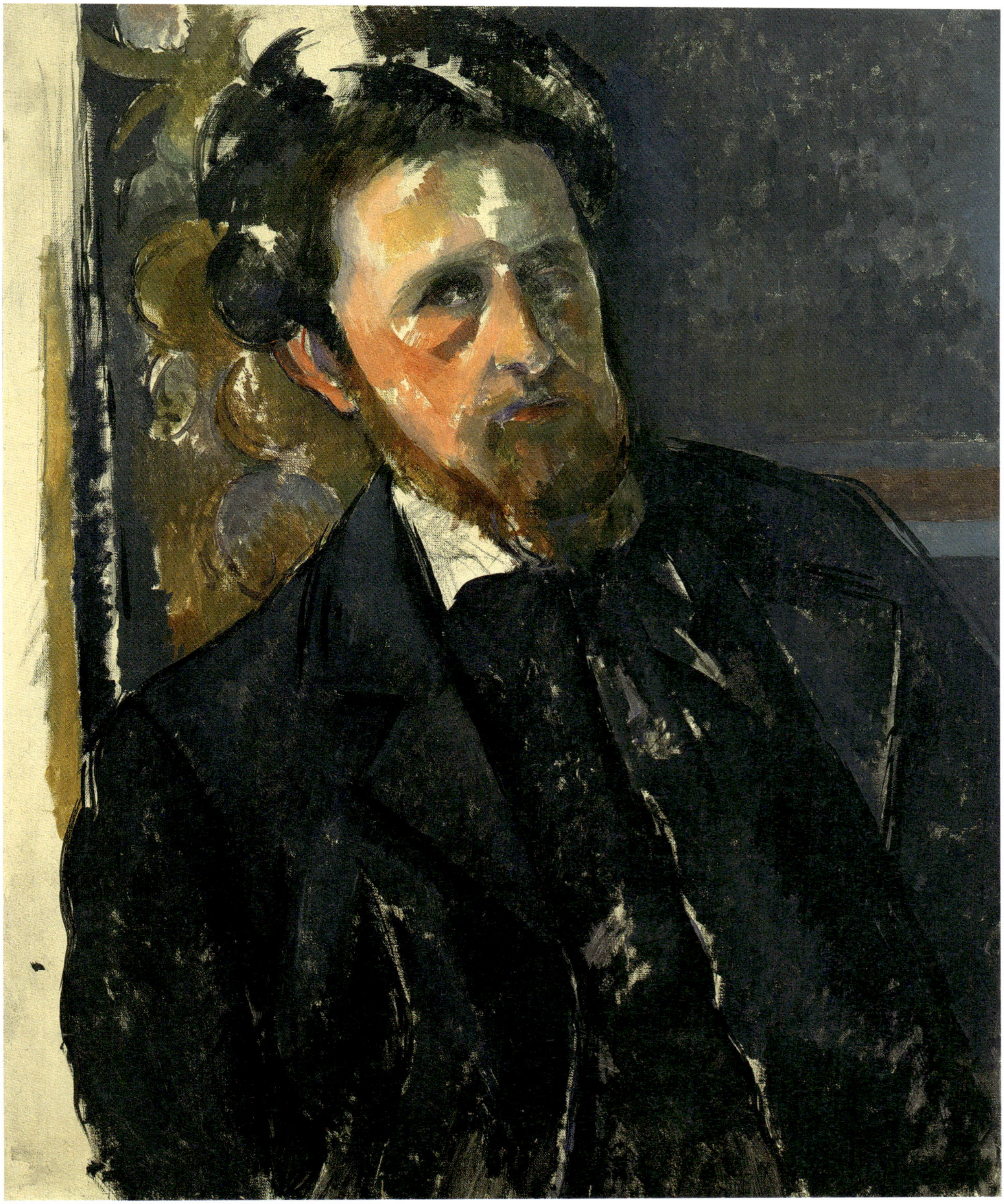

Und nun kommen wir zu einem Gebilde, das nun in der reinsten Form das zur Anschauung bringen kann, was wir bei Cézanne entdecken können. Wenn Sie so wollen, zeigt das Bild eine Ansammlung von Flecken. Der Künstler sprach von den „taches“, von bewusst gesetzten Flecken. Und nun hat ein Fleck etwas Faszinierendes: Wenn man es wissenschaftlich aussprechen möchte, ist ein Fleck ein Attraktor für den Blick. Er zieht ihn an und hält ihn fest, wie der schwarze Punkt auf einer weißen Fläche. Sie sind diesem Punkt heillos ausgeliefert.

Zum Glück ist auf diesem Gemälde nicht nur ein Fleck, sondern es sind viele Flecken zu sehen. Auch haben sie nicht alle dieselbe Form. Dann aber ist da auch Linienhaftes, das sich auf interessante Weise mit den Flecken verbindet.

Nehmen Sie Ihren Blick und setzen Sie ihn wie bei van Goghs Zypressen am unteren Bildrand an und gehen nach oben. Was passiert?

Bemerken Sie, wie Ihr Blick, wenn er sich an die Linien hält, ziemlich schnell nach oben geleitet wird? Wie er fast gleitet und sich dann oben in diesen Flecken verliert? Also eine ziemlich rasche Bewegung vollführt?

Ich möchte nur andeuten, was passieren kann. Etwas Dunkles zieht den Blick besonders stark an und heftet sich an ihn. Die weißen Stellen binden also nicht so sehr wie die dunklen. So kommt man in verschiedener Weise von Fleck zu Fleck, man springt, wird aufgehalten, springt, retardiert. Jetzt aber nicht wie auf einem Schachbrett in einem bestimmten Takt, sondern in einem ganz lockeren Rhythmus.

Sie können bemerken, dass der Blick hier nicht nur, wie bei van Gogh, in einen Gebärdenverlauf geführt wird, sondern dass er in der Folge dieser verschiedenen Attraktoren – im Festhalten, Ausweiten, Festhalten, Ausbreiten und Weiterspringen – in eine Art lockeren, leichten Rhythmus überführt wird. Wir sehen hier ja nicht Strichlein aneinandergesetzt, sondern Flecken und Linienhaftes. Beides kann sich im Anschauen in einem ganz freien Rhythmus verbinden; dort nämlich, wo lineare Bildstruktur und freie Fleckenstruktur sich wie in eins bringen, wie die zusammengeführten Hände – um an den Cézanne'schen Motivbegriff anzuknüpfen.

30 | Paul Cézanne
Unterholz (Weg vom Mas Jolie zum Château noir), 1900–1902

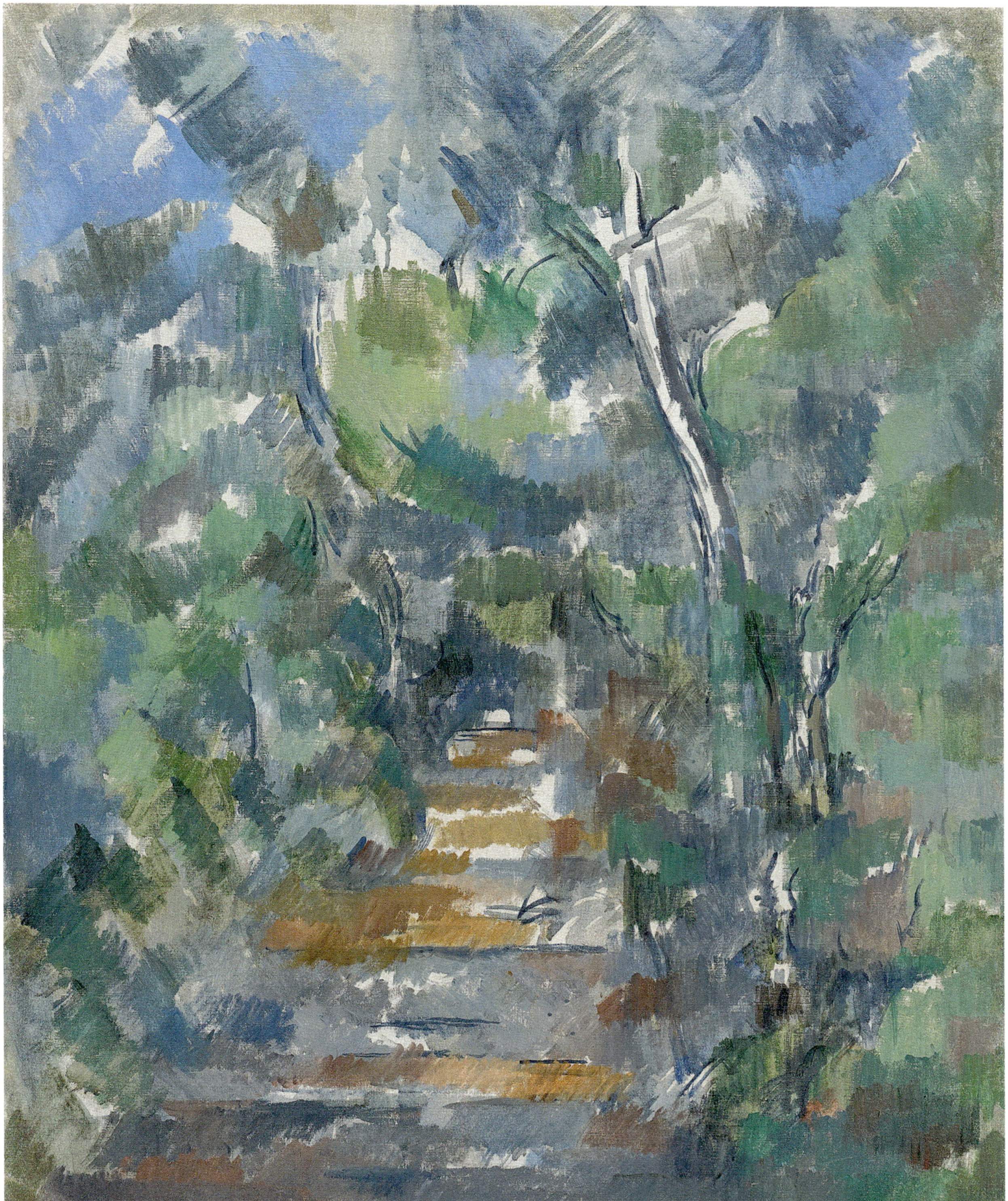

Wenn Sie nun mit dem Blick vom unteren Rand über die braunen Flecken hinweg – Sie sehen sie vielleicht als Weg an – nach oben sehen, dann kommen Sie am Ende der braunen Flecken zu einem kleinen, weißen Fleck oberhalb der waagerechten dunklen Linie unterhalb der Mitte des Bildes. Hier kann man sich gut mit dem Blick festhalten und ausruhen, während ringsum schon nach kurzer Zeit alles in Bewegung gerät.

Was macht Ihr Blick und wie fühlt sich das an, wenn Sie von unten auf diesen hellen Punkt zugehen?

Bemerken Sie, wie Ihr Blick sich hier immer wieder zur nächsten Ebene aufschwingen und die Horizontalität durch den nächsten Schritt in der Senkrechten überwinden muss?

Doch was man im Kopf nicht hat, das muss man mit den Beinen zeigen. Ich kann es Ihnen vormachen: Das Gehen ist ein interessanter Prozess, da wechseln sich die Füße gegenseitig ab, sonst käme man ja nicht vom Fleck. Und was das Gehen zum Gehen macht, das ist, dass man in der Bewegung nicht die genau gleiche Geschwindigkeit beibehält, sondern mit jedem Schritt anhält und neu impulsiert. In diesem Anhalten und Impulsieren liegt vom Prozess her eine Gebärde, die der Blick selbst im Rhythmus seiner Abfolge leistet, sozusagen die Realgebärde des Schreitens. Denn wenn sich der Körper seiner Möglichkeiten des Schreitens bedient, dann rhythmisiert er sich vollständig. Er wird zum Bild der schreitenden Bewegung. In Cézannes Bild wird dieser Weg nicht Weg durch das Abbild der vorgewussten Sicherheit („So sieht ein Weg aus!"), sondern er bildet sich aus der Bewegung. Es ist ein Anlass, eine Bewegung zu vollziehen, aus deren Struktur selbst zum Vorschein kommt, was die Sache ist.

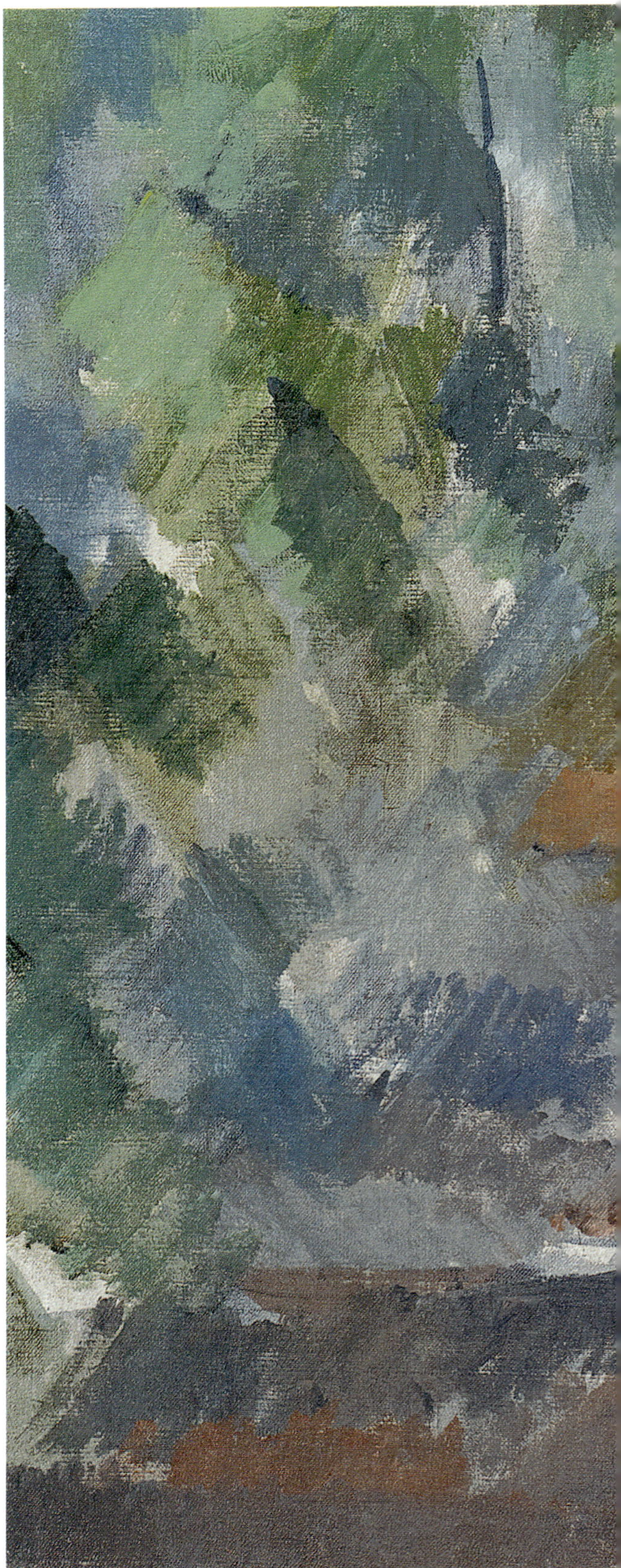

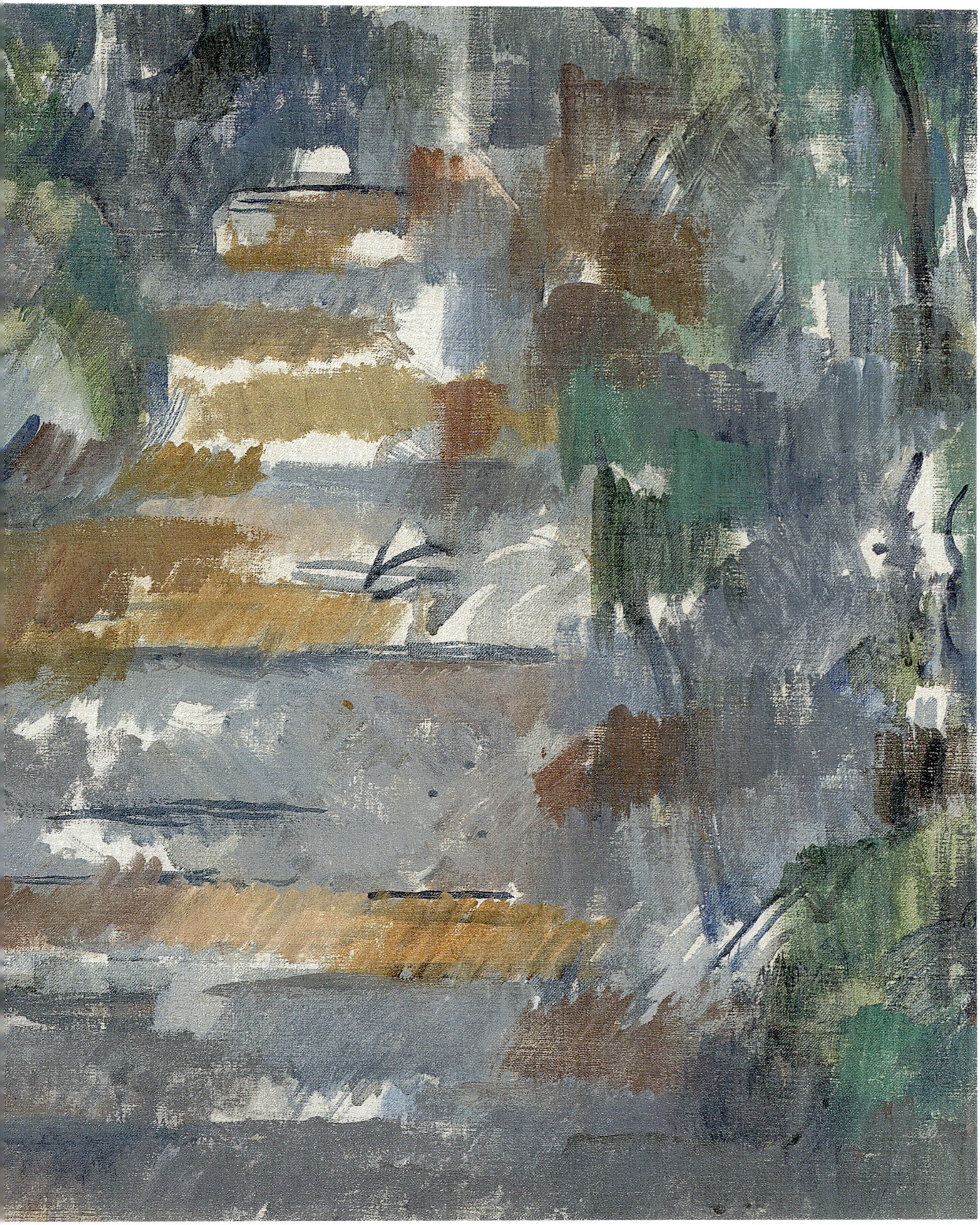

So bildet sich eine ganz neue Sicherheit – nicht die Sicherheit der gewordenen und so nicht zu verändernden Bildlichkeit, welche gewöhnlich die Einheit eines Dinges stiftet, sondern was hier Einheit schafft, ist der rhythmisierte Prozess. Die Zeiterfahrung verdichtet sich in anschaulichen (und vom Betrachter konkret vollzogenen) Gebärden zu einem Kontext, zu einem lebendigen Element. Dieses Element zieht sich ständig zur gegenständlichen Vorstellung zusammen und löst sich auf in reine Bildlichkeit. Im atmenden Rhythmus lebt sich die Sicherheit einer ganz neu erkannten, im Betrachter konkret entstehenden Welt ein. In dieser Welt bildet sich eine lebendige, aus der Bewegung der Farben und Formen gestiftete Ganzheit, die ihre Sicherheit nicht aus dem vollendeten Ding an der Wand bezieht – es sei denn, man würde unter Vollendung etwas Neues verstehen, nämlich den ästhetischen Zustand, durch welchen wir in solche Erlebniskategorien geführt werden.

Wenn Sie die Entwicklungsschritte noch einmal zusammengefasst haben wollen, sozusagen in einer anschaulichen Formel, dann kann ich nicht einfach weiter reden. Das Werk Cézannes wird für sich selbst sprechen. Betrachten Sie dieses Selbstporträt, wenn ich zum Abschluss eine Äußerung von Cézanne vorlese:

„Um ein Bild zu lieben, muss man es zuerst so,
mit langen Zügen, getrunken haben. Das Bewusstsein verlieren.
Mit dem Maler hinabsteigen zu den dunklen verflochtenen Wurzeln
der Dinge, mit den Farben wieder emporsteigen,
sich mit ihnen dem Licht erschließen. Sehen können.“[33]

31 | Paul Cézanne, **Selbstporträt**, um 1895

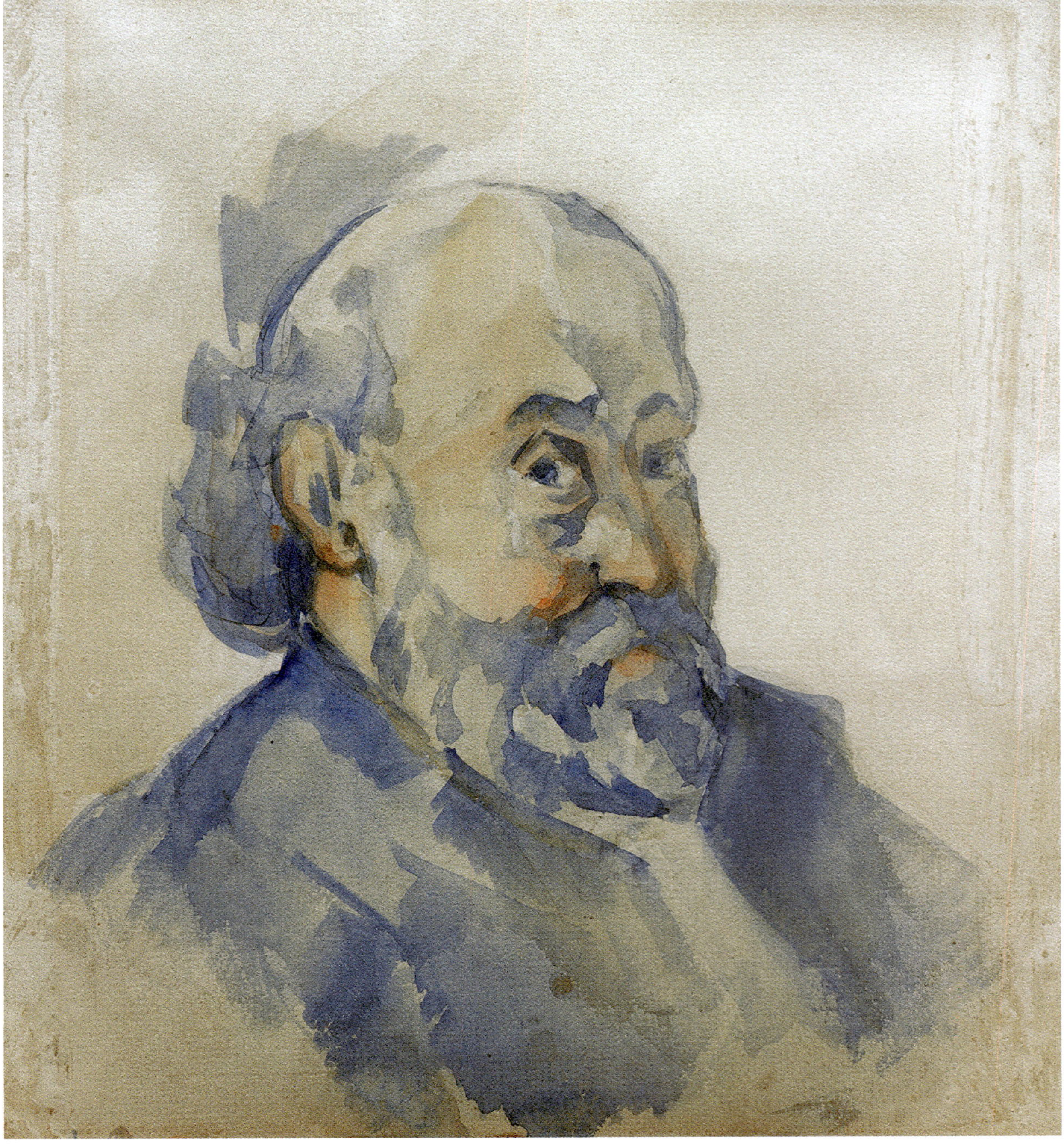

NACHWORT

VOM MUT, DEN EIGENEN AUGEN ZU TRAUEN

Mit Neugierde und Wissensdurst begann ich das erste Semester meines Studiums und belegte ein Seminar mit dem Titel „Mach Dir selbst ein Bild!“. Um reine Wissensvermittlung ging es dabei nicht im Geringsten. Vielmehr ermutigte der Dozent David Hornemann v. Laer uns Studierende in der Meinungsbildung den eigenen Augen zu trauen und zu überprüfen, worin unsere Annahmen, unser Wissen wurzelt. Fragen über Fragen entsprangen der Auseinandersetzung mit dem Sehen und das Thema lässt mich seitdem nicht mehr los. Eine weitere Vertiefung erfuhr es durch die Vorlesungstexte Michael Bockemühls, mit denen uns unser Dozent bekannt machte. Kaum einer von uns hat Michael Bockemühl noch selbst erlebt, wie also umgehen mit den Transkripten seiner Vorlesungen?

Wir begannen eine intensive Auseinandersetzung mit den teils unvollständigen transkribierten Tonbandmitschnitten, vor allem aber mit unseren eigenen Augen. Denn so wichtig uns die kleinschrittige Bearbeitung der rohen Transkripte hin zu einem fließenden Text schien, so stand für uns doch fest, dass Kern dieses Projekts die Erfahrung des *eigenen* Sehens ist.

Besonders detailliert habe ich mich dem Vortrag zu Cézanne gewidmet. Wieder und wieder habe ich den Text gelesen, ihn mit meinen Augen am Bild geprüft. Mit jedem weiteren Eintauchen in die Bilder und Worte erschloss sich mir mehr an Tiefe. Zugleich gab es Momente der Irritation:

Kann ich den Eindruck, den Michael Bockemühl schildert, uneingeschränkt teilen? Sehe ich das genauso?

In manchen Bildern findet mein Blick seine Schilderung nicht und gerade dort wird mir deutlich, welch schwieriges Unterfangen es ist, dem Auge mehr als dem Gedanken zu trauen. An diesen Stellen wächst der Ansatz Bockemühls über seine Worte hinaus: Er wird mir zur Aufgabe, bezieht mich selbst mit ein. Als Leserin werde ich nicht belehrt, sondern bin gefordert, wie Rilke es in dem Brief, aus dem Bockemühl am Beginn seiner Vorlesung zitiert, so eindrücklich beschreibt, mich „am Äußersten zu prüfen und zu erproben."

In der Auseinandersetzung mit dem Sehen kreisen meine Gedanken immer wieder um Mut. Um nicht nur zu verifizieren, was ich zu wissen meine, sondern tatsächlich offen zu sein für das, was sich meinen Augen zeigt, muss ich mich von meinen Begriffen lösen. Doch gerade diese werden mir in meinem Studium permanent vermittelt. Sie ordnen die Welt, anhand von ihnen misst sich gesammeltes Wissen und scheinbares Verständnis. Wenn ich nicht durch mein Wissen erklären kann, warum ein Künstler wie gemalt hat und wie ich zu deuten weiß, was sich mir zeigt, was mache ich dann?

Es ist ein Verlust an Sicherheit. Ich bin zurückgeworfen auf meine Wahrnehmung. Die Trennung, die Begriffe zwischen mir und dem Objekt schaffen, ist aufgehoben.

Was ist, wenn ich im bloßen Hinsehen entdecke, dass mein Urteil dem Auge nicht standhalten kann? Was ist, wenn sich meine Überzeugungen nicht bewahrheiten? In der Kunstbetrachtung mag ich das womöglich verkraften, aber ich bemerkte schnell, dass es hier nicht um die Kunst, sondern um das Ganze geht.

Was ist nun, wenn ich mein alltägliches Denken und Urteilen mit meinen Augen überprüfe? Wenn ich beginne, Inhalte meines Studiums, Aussagen in der Politik, meine eigenen grundsätzlichen Annahmen auf das zu untersuchen, was dem Sehen standhält?

Ich verstehe immer besser, was Bockemühl in einem Interview bemerkte: „Etwas zu sehen und nicht zugleich zu deuten, halten wir kaum aus. Etwas nur zu sehen, löst sofort Ängste aus. Wir retten uns in die Begriffe, damit uns die wahrgenommene Welt nicht bedrohlich vorkommt." [34]

Zu Beginn meiner Auseinandersetzung mit den Vorlesungen Bockemühls dachte ich irgendwann sagen zu können, dass ich seine Theorie wie andere Inhalte meines Studiums verstanden habe und gewissermaßen zur Seite legen könne. Inzwischen begreife ich, dass meine Beschäftigung mit dem Sehen kein Ende findet, sondern mich immer wieder vor die Probe stellt. Es ist die Kunst auszuhalten, dass alles ins Wanken gerät. Ohne Mut geht das nicht. Gerade in dieser Gefahr aber liegen die Chancen des Sehens.

Amelie Scupin

LEBENSDATEN

PAUL CÉZANNE

„Wir glauben in Wahrheit nur das, was wir sehen.
Wir sehen in der Malerei alles, was der Mensch gesehen hat. (...)
Wir sind alle der gleiche Mensch." [35]

1839
19. Januar: Paul Cézanne wird als ältester Sohn in Aix-en-Provence in Frankreich geboren.

1849–1858
Cézanne besucht die École Saint-Joseph und das Collège Bourbon in Aix-en-Provence, wo er sich 1852 mit Émil Zola anfreundet.

1858
Zola geht nach Paris und versucht, Cézanne ebenfalls dorthin zu holen.

1859–1861
Cézanne studiert auf Wunsch seines Vaters an der Universität in Aix-en-Provence Jura.

1861
Sein Vater gibt dem Drängen Cézannes nach und erlaubt ihm, eine Laufbahn als Maler einzuschlagen.

April – September: Cézanne betreibt Aktstudien an der Académie Suisse in Paris. Dort lernt er den Maler Camille Pissarro kennen. Cézanne fühlt sich in Paris unwohl und wird depressiv. Im September kehrt er entmutigt nach Aix-en-Provence zurück und arbeitet in der Bank seines Vaters.

1862
Cézanne reist erneut nach Paris und lernt unter anderem Édouard Manet (1832–1883), Claude Monet (1840–1926) und Auguste Renoir (1841–1919) kennen.

1863
Cézannes Bilder werden im *Salon der Zurückgewiesenen (Salon des Refusés)* gezeigt. Sein Frühwerk ist geprägt von dunklen Farben und starken Kontrasten.

1864–1870
Der „Menschheitslehrers der Jetztzeit"[36] – wie Peter Handke Cézanne tituliert hat – hält sich abwechselnd in Paris und Aix-en-Provence auf. Seine Bilder werden von der Akademie mehrmals abgelehnt. Es entstehen Gemälde wie *Die Entführung* (Abb. 5), *Der Mord* (Abb. 6), *Eine moderne Olympia* (Abb. 7), *Der Bahndurchstich* (Abb. 8).

1869
Er lernt die Buchbinderin Hortense Fiquet kennen, die seine Geliebte wird. Es ensteht das Gemälde *Die Magdalena* (Abb. 3).

32 | Paul Cézanne, Foto um 1875

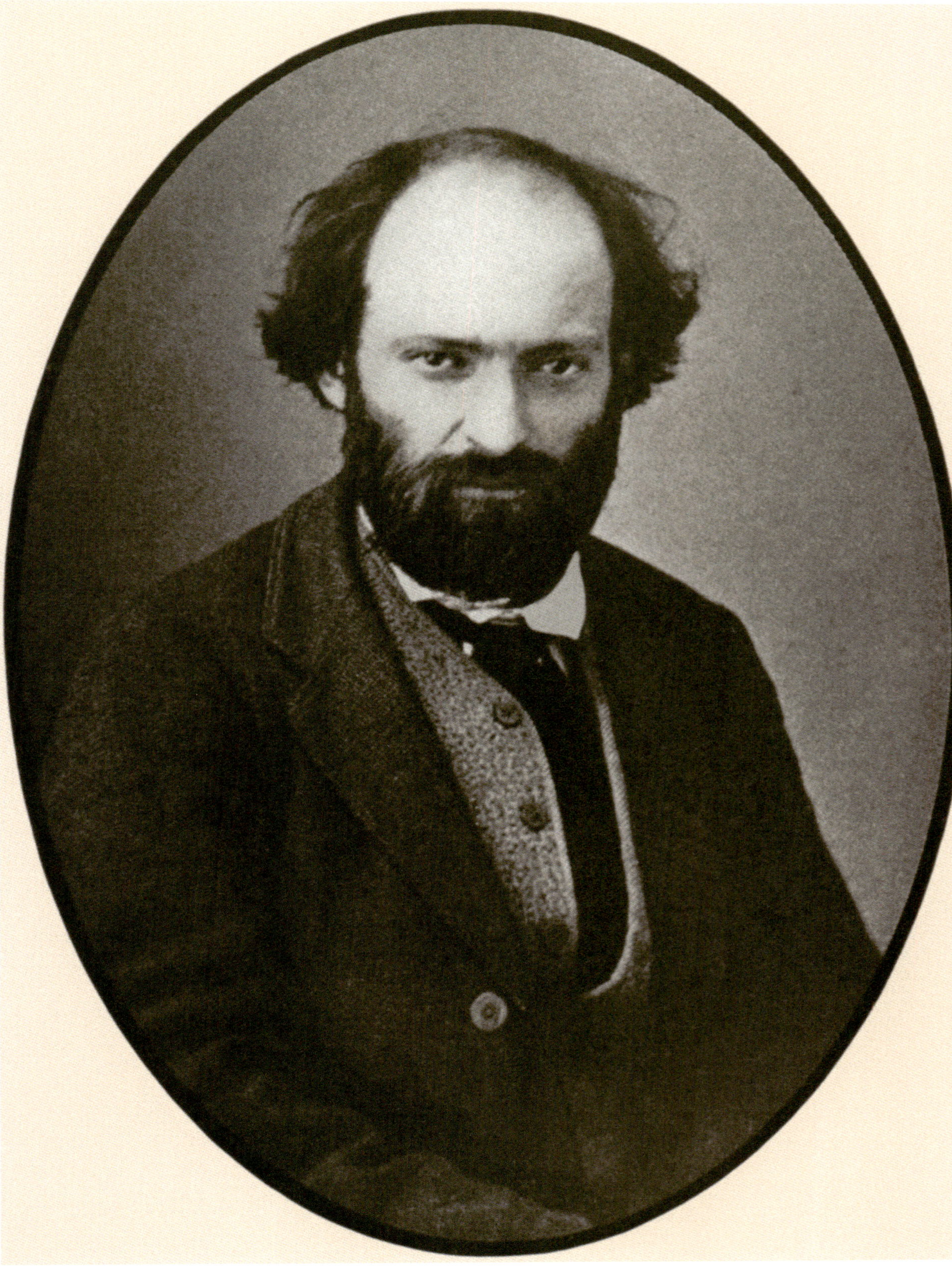

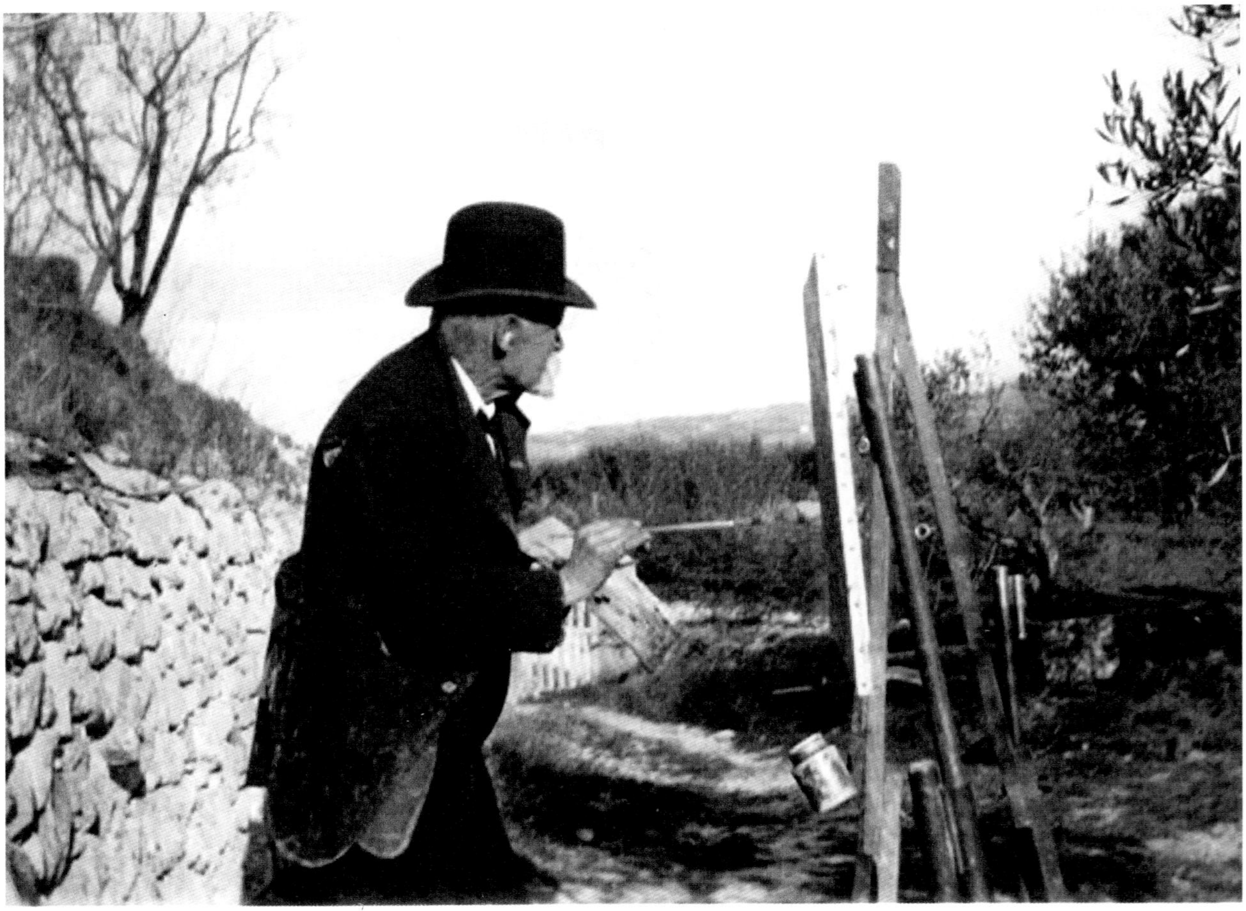

„Der Künstler ist nur ein Empfänger von Empfindungen (...)
Aber wenn er dazwischenkommt, wenn er es wagt (...)
sich willentlich einzumischen in den Übersetzungsvorgang,
dann bringt er nur seine Bedeutungslosigkeit hinein,
das Werk wird minderwertig.“ [37]

33 | Paul Cézanne beim Malen des Montagne Sainte-Victoire, aufgenommen von Ker-Xavier Roussel, 1906

„Im Grunde denke ich an nichts, wenn ich male. Ich sehe Farben. Ich gebe mir Mühe, ich habe Freude daran, sie so, wie ich sie sehe, auf die Leinwand zu bringen.“ [38]

1872
Geburt des Sohnes Paul. Die Familie zieht ins Tal der Oise zu Pissarro, der Cézanne die Malweise der Impressionisten näherbringt. Seine Bilder werden heller und verlieren ihre scharfen Kontraste.

1873
Es entstehen Werke wie *Das Haus des Gehängten* (Abb. 10), *Bildnis Camille Pissarro* (Abb. 11), *Haus des Père Lacroix* (Abb. 12) und ein Foto zeigt ihn auf dem Weg zum Motiv (Abb. 16).

1874
Einige Bilder Cézannes werden in der ersten Gruppenausstellung der Impressionisten im Atelier des Pariser Fotografen Nadar gezeigt. Sie provozieren heftige Kritik.

1875/76
Aufenthalt in Aix-en-Provence. Cézanne beginnt, die Provence mit ihren einzigartigen Lichtverhältnissen als am besten geeignete Landschaft für seinen Stil zu entdecken.

1877
Sechzehn Bilder Cézannes werden in der dritten Impressionistenausstellung gezeigt. Er ist zunehmend unbeeindruckt von der weiterhin negativen Kritik.

1883/1884
Es entstehet das *Selbstporträt* (Abb. 1) und Cézanne beginnt an seinem *Stillleben mit Kommode* zu arbeiten (bis 1887, Abb. 14).

1886
Cézanne bricht mit Zola, nachdem er sich in einem Roman seines Jugendfreundes in unvorteilhafter Weise wiedererkannt hat. [34]

April: Heirat mit Hortense Fiquet.

Oktober: Tod des Vaters. Der Maler erbt ein beträchtliches Vermögen.

1887–1899
Cézanne lebt in Paris und in der Provence. Er wird zunehmend zum Einzelgänger und verbringt lange Zeiträume ohne seine Familie.

Es entstehen Gemälde wie das *Stillleben mit Pfirsichen und Birnen* (Abb. 15), das *Bildnis Joachim Gasquet* (Abb. 29), das *Selbstporträt* (Abb. 31).

In seinen späten Jahren erlangt er zunehmend Anerkennung und Berühmtheit, seine Bilder werden auch im Ausland gezeigt.

1895
Erste Einzelausstellung mit etwa 150 Gemälden Cézannes in einer Pariser Galerie.

1899–1906
Cézanne hält sich fast ausschließlich in Aix-en-Provence auf, während seine Frau und sein Sohn in Paris bleiben. Er wird immer unzugänglicher und lebt nur noch für seine Malerei. Die Ölgemälde und Aquarelle der *Badenden* (Abb. 21, 22, 23, 25), des *Montagne Sainte Victoire* (Abb. 26) sowie des *Château Noir* (Abb. 27, 28) und des Wegs dorthin (Abb. 30) entstehen. 22. Oktober 1906: Paul Cézanne stirbt an den Folgen einer Lungenentzündung in Aix-en-Provence.

ANMERKUNGEN

1 Das Zitat lautet vollständig: „Ich habe es nach langen Anstrengungen entdeckt, und ich habe in Flächen gemalt, denn ich mache nichts, was ich nicht sehe, und was ich male, das existiert ...“ Zit. n.: Jean Royère, *Paul Cézanne – Erinnerungen*, in: *Kunst und Künstler*. Illustrierte Monatsschrift für bildende Kunst und Kunstgewerbe, Oktober 1912, S. 485.

2 Vgl. *Das sichtbare Unsichtbare*, Bericht über die Vorlesung zu Joseph Beuys, Sendung vom 17.11.1994, WDR Fernsehen. In einem anderen Beitrag mit dem Titel: *Der Wittener Professor und die Kunst* wird das große Interesse und der enorme Andrang mit den Worten umschrieben: „Ein Professor der privaten Universität Witten/Herdecke reißt mit seinen Ansichten die Massen in seinen Bann!“ Vgl. Sendung vom 19.05.1993, WDR Fernsehen.

3 Jana Eckey, Studentin der Philosophie, Kulturreflexion und kulturelle Praxis, Universität Witten/Herdecke.

4 Im Gespräch mit David Hornemann v. Laer bemerkte Michael Bockemühl, dass dieser Vortragszyklus sein eigentliches Hauptwerk sei. Er habe nur noch keine Form gefunden, wie man solche Vorlesungen, die die Kunst unabhängig von Vorkenntnissen, Bildungsstand und Alter zugänglich machen möchten, adäquat veröffentlichen könne.

5 Michael Bockemühl, *Die Wirklichkeit des Bildes*, Stuttgart 1985, S. 180.

6 Paulo Coelho, *Hippie*, Diogenes Verlag Zürich 2018, Rückcover © 2018 Diogenes Verlag AG Zürich, hier S. 13.

7 Michael Bockemühl in: Yvonne Schwarzer (Hrsg.), *Ohne Wahrnehmung keine Welt. Gespräch mit dem Kunstwissenschaftler Michael Bockemühl*, Witten 2003, S. 32.

8 Silke Kirch, *Diskursive Wirklichkeit*, in: Info3. Bewusst leben • Gesellschaft gestalten, Oktober 2018, S. 64.

9 Michael Bockemühl, *Kunst ist die Antwort auf Kunst*, in: Boesner Katalog 2004, hrsg. von Wolfgang Boesner, Westerweide GmbH Witten, 2004, S. 52. Diese Bemerkung verweist auf Friedrich Schillers Briefe *Über die ästhetische Erziehung des Menschen* und seine darin entwickelte Ästhetik, auf die sich Bockemühl zeitlebens immer wieder bezog. Wie Schiller, so nimmt auch Bockemühl nicht von Ideen seinen Ausgangspunkt, sondern von der konkreten Wahrnehmung: „... meine individuellen Leitmotive gestalten sich eigentlich nicht aus dem Blick auf eine Grundidee, sondern auf eine ständig sich im Kontext verwandelnde Wahrnehmung.“ Michael Bockemühl in einem Interview mit Claus Otto Scharmer am 22. Mai 1995 in Witten unter dem Titel: Weil die Wahrnehmung der weiße Fleck auf der Karte unseres Bewusstseins ist (unveröffentlicht).

10 Rainer Maria Rilke an seine Frau Clara in einem Brief vom 24. Juni 1907, in: Rainer Maria Rilke. *Briefe aus den Jahren 1904–1907*, hrsg. von Ruth Sieber-Rilke und Carl Sieber, Insel-Verlag zu Leipzig, 1939, S.336 f. Im Folgenden *Briefe aus den Jahren 1904–1907* genannt.

11 Drei Tage nach dem eingangs zitierten Brief an Clara, am 27. Juni 1907, wird Rilke in der Galerie Bernheim-Jeune mit Werken Paul Cézannes erstmals bekannt und sieht 79 Werke, darunter 56 Landschafsaquarelle (vgl. Martina Kurz, Bild-Verdichtungen: *Cézannes Realisation als poetisches Prinzip bei Rilke und Handke*, Vandenhoeck & Ruprecht Göttingen 2003, S. 317). Einen Tag nach seinem Ausstellungsbesuch schildert Rilke Paula Modersohn-Becker seine Eindrücke: „Landschaften, ganz leichte Bleistiftumrisse, auf die nur da und dort als Nachdruck, als Bestätigung gleichsam, ein Zufall von Farbe fällt, eine Reihe von Flecken, wunderbar angeordnet und von einer Sicherheit im Anschlag: als spiegelte sich eine Melodie –.“ *Briefe aus den Jahren 1904–1907*, S. 342.

12 „Er war mein Schulkamerad gewesen, wir hatten am Ufer des Arc gespielt ... Zola wurde unerträglich, je berühmter er wurde, und es schien mir, er empfange mich nur noch aus gnädiger Höflichkeit. Das ging so weit, dass ich die Lust verlor, ihn zu sehen. Ich besuchte ihn lange Jahre nicht mehr. Eines schönen Tages erhielt ich L'Œuvre. Es war ein Schlag für mich, ich sah nun, wie er im Innersten über uns dachte. Kurz und gut: Es ist ein sehr schlechtes und vollkommen falsches Buch.“ Cézanne im Gespräch mit Emil Bernard, in: *Gespräche mit Cézanne*, hrsg. von Michael Doran, Zürich 1982, S. 77f.

13 Ebd., S. 54.

14 Cézanne im Gespräch mit Joachim Gasquet, in: *Gespräche mit Cézanne*, herausgegeben von Michael Doran, Zürich 1982, S. 84. Im Folgenden mit *Gasquet* bezeichnet.

15 Picasso zit. n. Hélène Parmelin, *Picasso sagt...* Ins Deutsche übertragen von Justus Franz Wittkop, Verlag Kurt Desch, München 1967, S. 116.

16 „Uns wird die Geschicklichkeit schon angeboren. Man muss sie brechen, sie ist der Tod der Kunst. Wenn ich an jene ersten Menschen denke, die ihre Jagdträume in das Gewölbe einer Höhle eingeritzt haben, oder an jene guten Christen, die ihr Paradies in Fresko an die Wand des Friedhofs gemalt haben, die sich selbst gebildet, sich alles, ihr Handwerk, ihre Seele, ihre Eindrücke selbst gebildet haben. So möchte ich vor der Landschaft sein und die Religion daraus ziehen.“ Cézanne in: *Gasquet*, S. 142.

17 Auch Cézanne gibt ähnliche Sehanweisungen wie Bockemühl. Als er mit Joachim Gasquet zusammen im Louvre das monumentale Gemälde *Die Hochzeit zu Kana* von Paolo Veronese (1528–1588) betrachtet, fordert er Gasquet auf: „... lassen Sie mal die Augen langsam ganz um den Tisch herumwandern ... Ist das schön? Ist das lebendig?“ (Gasquet, S. 166). Weiter bemerkt er zu seinem Begleiter: „Nicht wahr? ... Man sieht nichts als ein großes farbiges Wogen, was? Ein Irisieren, Farben, den Reichtum der Farben. (...) Man taucht ein in die Wahrheit der Malerei. Man ist trunken. Man ist glücklich. Für mich ist das wie ein Wind von Farben, der mich davonträgt, eine Musik, die ich in den Augen empfinde ...“ Cézanne in: *Gasquet*, S. 164 ff.

18 Vgl. Fritz Novotny, *Cézanne und das Ende der wissenschaftlichen Perspektive*. Verlag Anton Schroll, Wien 1970.

19 Cézanne in: *Gasquet*, S. 149.

20 Vgl. *Subjekt und Medium in der Kunst der Moderne*, hrsg. von Michael Lüthy und Christoph Menke, Diaphanes Verlag Berlin 2006, S. 190.

21 Der französische Lyriker Joachim Gasquet (1873–1921) berichtet von einem Gespräch mit Paul Cézanne:
GASQUET: Sind Sie zufrieden heute Morgen?
CÉZANNE: Ich halte mein Motiv ... (Er faltet die Hände.) Ein Motiv, sehen Sie, das ist so ...
ICH: Wie?
CÉZANNE: Nun Ja! (Er wiederholt seine Bewegung, entfernt die Hände voneinander, die zehn Finger gespreizt, nähert sie dann langsam, langsam, faltet sie wieder, verschränkt sie krampfhaft ineinander.) Hier, das ist es, was man erreichen muss. Wenn ich zu hoch oder zu tief greife, ist alles verpfuscht. Es darf keine einzige lockere Masche geben, kein Loch, durch das die Erregung, das Licht, die Wahrheit entschlüpft. Ich lenke, verstehen Sie, den Realisationsprozess auf meiner Leinwand in allen Teilen gleichzeitig. Ich bringe im gleichen Antrieb, im gleichen Glauben alles miteinander in Beziehung, was auseinanderstrebt ... Alles, was wir sehen, nicht wahr, verstreut sich, entschwindet. Die Natur ist immer dieselbe, aber von ihrer sichtbaren Erscheinung bleibt nichts bestehen. Unsere Kunst muss ihr das Erhabene der Dauer geben, mit den Elementen und der Erscheinung all ihrer Veränderungen. Die Kunst muss ihr in unserer Vorstellung Ewigkeit verleihen. Was ist hinter der Natur? Nichts vielleicht. Vielleicht alles. Alles, verstehen Sie. Also verschränke ich diese umherirrenden Hände. Ich nehme rechts, links, hier, dort, überall diese Farbtöne, diese Abstufungen, ich mache sie fest, ich bringe sie zusammen ... Sie bilden Linien, sie werden Gegenstände, Felsen, Bäume, ohne dass ich daran denke. Sie nehmen ein Volumen an, sie haben einen Wirkungswert. Wenn diese Massen, diese Gewichte auf meiner Leinwand, in meiner Empfindung den Plänen, den Flecken entsprechen, die mir gegeben sind, die wir da vor unseren Augen haben, gut, meine Leinwand verschränkt die Hände. Sie schwankt nicht. Sie greift nicht zu hoch und nicht zu tief. Sie ist wahr, sie ist dicht, sie ist voll ... Aber wenn ich die geringste Ablenkung habe, die leiseste Schwäche fühle, besonders wenn ich einmal zu viel hineindeute, wenn mich heute eine Theorie fortreißt, die der von gestern widerspricht, wenn ich beim Malen denke, wenn ich dazwischenkomme, päng [sic!], dann entwischt alles.“ Zit. n. *Gasquet*, S. 135 f.

22 Cézanne in: *Gasquet*, S. 154.

23 Der Kunstwissenschaftler, Cézanne-Spezialist und Autor John Rewald (1912–1994) fuhr während seines Kunstgeschichtsstudiums in Hamburg nach Frankreich und begleitete den Maler Leo Marchutz (1903–1976) zu den Landschaften, die Paul Cézanne gemalt hatte und fotografierte sie. Rewald veröffentlichte u. a. *Cézanne et Zola* (1936), *Paul Cézanne correspondance* (1937), *History of Impressionism* (1946). Posthum erschien *The Paintings of Paul Cézanne: A Catalogue Raisonné* (1996).

24 Vgl. Michael Bockemühl, *KUNST SEHEN, Bd. 2, Claude Monet*, Info3 Verlag Frankfurt/M. 2018.

25 Cézanne in: *Gasquet*, S. 148.

26 Cézanne zit. n.: Paul Cézanne, *Briefe*, hrsg. von John Rewald, Diogenes Verlag Zürich 1962, S. 304 f. (französischsprachige Originalausgabe Paris 1937).

27 Vgl. Gottfried Boehm, *Ein Paradies aus Malerei. Hinweise zu Cézannes Badenden*, in: *Paul Cézanne. Die Badenden*. Ausstellungskatalog des Kunstmuseums Basel, Zürich 1989, S. 13.

28 Matisse zit. n.: Henri Matisse, *Über Kunst* hrsg. von Jack D. Flam, Diogenes Verlag Zürich 1982, S. 104.

29 Cézanne in: *Gasquet*, S. 140.

30 Picasso zit. n.: Picasso. *Über Kunst*. Diogenes Verlag, Zürich 1988, S. 57.

31 Vgl. Goethe, *Faust I*, Vers 382 f.

32 Vgl. 1. Mose 3,19: „Im Schweiße deines Angesichts wirst du dein Brot essen, bis du zum Erdboden zurückkehrst; denn von ihm bist du genommen, Staub bist du und zum Staub kehrst du zurück“ (Einheitsübersetzung).

33 Cézanne in: *Gasquet*, S. 164.

34 Michael Bockemühl in: Yvonne Schwarzer (Hrsg.), *Ohne Wahrnehmung keine Welt. Gespräch mit dem Kunstwissenschaftler Michael Bockemühl*, Westerweide Verlag, Witten 20042, S. 14.

35 Cézanne in: *Gasquet*, S. 156

36 Peter Handke erlebte auf einer Ausstellung im Frühjahr 1978 wie er „ergriffen [wurde] von Studierlust“, wie der Maler Paul Cézanne ihm „als ein Menschheitslehrer – ich wage das Wort: als der Menschheitslehrer der Jetztzeit erschien.“ Peter Handke, *Die Lehre der Sainte-Victoire*. Suhrkamp Verlag, Frankfurt/M. 1980, S. 58 und S. 108.

37 Cézanne in: *Gasquet*, S. 136f.

38 Cézanne in: *Gasquet*, S. 145.

VERZEICHNIS DER WERKE UND BILDNACHWEISE

1 | Paul Cézanne, **Selbstporträt**, 1883/84, Öl auf Leinwand, 25 x 25 cm, Fondation Sirina, Vaduz, in: Cézanne und die Moderne, Fondation Beyeler (Hrsg.), Hatje Cantz Verlag, Ostfildern-Ruit 1999, S. 9.

2 | Foto von Michael Bockemühl, 2003 © Christian Nielinger, Essen, S. 14.

3 | Paul Cézanne, **Die trauernde Magdalena**, um 1869, Wanddekor auf Leinwand übertragen, 165 x 122.5 cm, Musée d'Orsay, Paris. © Peter Willi – ARTOTHEK, S. 17.

4 | Gustave Caillebotte, **Straße in Paris an einem regnerischen Tag**, 1877, Öl auf Leinwand, 212 x 276 cm, Art Institute of Chicago, in: Marie Berhaut, Gustave Caillebotte. Catalogue raisonné des peintures et pastels. Wildenstein Institute, Paris 1994 (überarbeitete Ausgabe), S. 92. Hier im Buch: S. 18–19.

5 | Paul Cézanne, **Die Entführung**, 1867, Öl auf Leinwand, 88 x 170 cm, Leihgabe der Keynes Collection an das Fitzwilliam Museum, Cambridge. © mauritius images / Artepics / Alamy, S. 20–21.

6 | Paul Cézanne, **Der Mord**, 1867–1870, Öl auf Leinwand, 64 x 81 cm, Trustees of the National Museums and Galleries on Merseyside, Walker Art Gallery, Liverpool. © akg-images / Erich Lessing, S. 22–23.

7 | Edouard Manet, **Olympia**, 1863, Öl auf Leinwand, 130.5 x 191 cm, Musée d'Orsay, Paris. © Peter Willi – ARTOTHEK, S. 24.

8 | Paul Cézanne, **Eine moderne Olympia**, um 1870, Öl auf Leinwand, 56 x 55 cm, Privatbesitz. © mauritius images / Historic Images / Alamy, S. 24–25.

9 | Paul Cézanne, **Der Bahndurchstich**, 1870, Öl auf Leinwand, 80.4 x 129.4 cm, Neue Pinakothek, München. © Blauel Gnamm – ARTOTHEK, S. 26–27.

10 | Paul Cézanne, **Das Haus des Gehängten**, 1873, Öl auf Leinwand, 55.5 x 66.3 cm, Musée d'Orsay, Paris. © Peter Willi – ARTOTHEK, S. 30–31.

11 | Paul Cézanne, **Bildnis Camille Pissarro**, um 1873, Bleistift auf Papier, 10 x 8 cm, Sammlung Mr. u. Mrs. Prof. Dr. John Rewald, New York. © akg-images, S. 32.

12 | Paul Cézanne, **Haus des Père Lacroix**, 1873, Öl auf Leinwand, 61.3 x 50.6 cm, National Gallery of Arts, Washington. © ARTOTHEK, S. 35.

13 | Paul Cézanne, **Stillleben mit Obstschale**, 1879/80, Öl auf Leinwand, 46.4 x 54.6 cm, Museum of Modern Art, New York. © Fine Art Images – ARTOTHEK, S. 36–37.

14 | Paul Cézanne, **Stillleben mit Kommode**, um 1883/1887, Öl auf Leinwand, 73.3 x 92.2 cm, Neue Pinakothek, München. © ARTOTHEK, S. 40–41.

15 | Paul Cézanne, **Stillleben mit Pfirsichen und Birnen**, 1890–1894, Öl auf Leinwand, 61 x 90 cm, Pushkin-Museum, Moskau. © Hans Hinz – ARTOTHEK, S. 44–45.

16 | Paul Cézanne auf dem Weg zum Motiv in der Gegend von Auvers-sur-Oise, Foto um 1874 (auch um 1877 datiert), in: The Paintings of Paul Cézanne. A Catalogue Raisonné, Bd. 1 hrsg. von John Rewald in Zusammenarbeit mit Walter Feilchenfeldt und Jayne Warman, Verlag Harry N. Abrams, New York 1996, S. 254. Hier auf S. 46.

17 | John Rewald, **The Last Motifs at Aix, in: Cezanne: The Late Work**, hrsg. von William Rubin, veröffentlicht vom Museum of Modern Art, New York 1977, S. 92. Hier im Buch: S. 49.

18 | Paul Cézannes, **Unterholz bei den Felsenhöhlen oberhalb des Château Noir**, 1900–1904, Öl auf Leinwand, 90.7 x 71.4 cm, Musée d'Orsay, Paris. © mauritius images / classicpaintings / Alamy, S. 51.

19 | Paul Cézanne vor seinem Bild Große Badende (V. 720) sitzend, Foto von Emile Bernard, März 1904, 27.4 x 36.6 cm, Sammlung Mary Louise Krumrine, in: Mary Louise Krumrine, Paul Cézanne. Die Badenden. Ausstellungskatalog des Kunstmuseum Basel mit Beiträgen von Gottfried Boehm und Christian Geelhaar, Basel 1989, Abb. 204, S. 238. Hier im Buch: S. 54–55.

20 | Paul Cézanne, **Drei Badende** (V. 381), 1879–1882, Öl auf Leinwand, 53 x 55 cm, Musée du Petit Palais, Paris. © akg-images / Erich Lessing, S. 56–57.

21 | Paul Cézanne, **Die großen Badenden**, 1900–1906, Öl auf Leinwand, 211 x 251 cm, Philadelphia Museum of Art, W. P. Wilstach Collection, Philadelphia. © akg-images, S. 58–59.

22 | Paul Cézanne, **Badende**, 1902–1906, Bleistift und Aquarell, 21 x 27 cm, Privatbesitz. © akg-images, S. 60–61.

23 | Paul Cézanne, **Badende vor einem Berg**, 1902–1906, Bleistift und Aquarell auf weißem Papier, 12.5 x 21,3 cm, Privatsammlung Eppinghoven. © agk-images, S. 62–63.

24 |Jean-Auguste Dominique Ingres, **Die große Odaliske**, 1814, Öl auf Leinwand, 91 x 162 cm, Musée du Louvre, Paris. © Peter Willi – ARTOTHEK, S. 66–67.

25 | Paul Cézanne, **Badende**, 1902–1906, Aquarell, 21 x 27 cm, Privatbesitz, in: Mary Louise Krumrine, Paul Cézanne. Die Badenden. Ausstellungskatalog des Kunstmuseum Basel mit Beiträgen von Gottfried Boehm und Christian Geelhaar, Basel 1989, Abb. 201, S. 235. Hier im Buch: S. 68–69.

26 | Paul Cézanne, **Montagne Sainte-Victoire**, 1902–1904, Öl auf Leinwand, 73 x 91.9 cm, Philadelphia Museum of Art, The George W. Elkins Collection, Philadelphia. © Bridgeman Images, S. 70–71.

27 | Paul Cézanne, **Das Bergmassiv Sainte-Victoire und das Château Noir**, c. 1904–1906, Öl auf Leinwand, 66.2 x 82.1 cm, Bridgestone Museum of Art, Ishibashi Foundation, Tokyo. © akg-images / André Held, S. 74–75.

28 | Paul Cézanne, **Château Noir**, 1903–1904, Öl auf Leinwand, 73.6 x 93.2 cm, Museum of Modern Art,New York, © Fine Art Images - ARTOTHEK, S. 76–77.

29 | Paul Cézanne, **Bildnis Joachim Gasquet**, 1896, Detail) Öl auf Leinwand, 54.5 x 66.5 cm, Narodni Galerie, Prag. © akg-images / Erich Lessing, S. 79.

30 | Paul Cézanne, **Unterholz** (Weg vom Gehöft Mas Jolie zum Château noir), 1900–1902, Öl auf Leinwand, 79,8 x 64,6 cm, Fondation Beyeler, Riehen/Basel. „Riehen/Basel", Sammlung Beyeler, Foto: Robert Bayer, S. 81.

31 | Paul Cézanne, **Selbstporträt**, um 1895, Bleistift und Aquarell, 28.2 x 25.7 cm, Privatbesitz. © akg-images, S. 87.

32 | Paul Cézanne um 1875, Fotograf unbekannt. © mauritius images / Classic Image / Alamy, S. 89.

33 | Paul Cézanne ‚auf dem Motiv' aufgenommen am Chemin des Laufes von dem Maler Ker-Xavier Roussel, Januar 1906, in: Paul Cézanne. Leben und Werk in Texten und Bildern, hrsg. von Margret Boehm-Hunold, Insel Verlag, Frankfurt/M. 1990, S. 250. Hier im Buch: S. 90.

DANK

Das diese vor über 25 Jahren begonnene und glücklicherweise auf Tonband aufgezeichnete Vortragsreihe nun endlich in Buchform erscheinen kann, verdankt sich der Mitarbeit vieler Menschen.

Die Aufzeichnungen auf den Tonbändern wurden von Sandra Schwarz verschriftlicht. Natalie Rehm brachte die Texte in eine erste Form und suchte die Dias zu den Vorträgen zusammen. Schließlich gab es zahlreiche Studierende, die sich seit 2014 im Rahmen von Seminaren, die von David Hornemann v. Laer geleitet wurden, in unterschiedlicher Besetzung um eine vorsichtige Überarbeitung der Vorträge kümmerten, welche den Stil der frei gehaltenen Vorträge beibehielt und sie gleichwohl auch lesbar machten.

An dem Zustandekommen dieses Projekts waren bisher beteiligt:
Tanja Adam-Heusler, Meike Adden, Joseph Bailey, Elena Ball, Lea Bengel, Laura Bickel, Geraint Black, Leandra Börner-Valdez, Demian Buchner, Elisabeth Capellmann, Eda Ciftci, Julius Daniel, Anna Deffner, Philipp Doose, Jana Eckey, Lara-Luna Ehrenschneider, Manischa Eichwalder, Isabel Gadea, Caroline Geck, Max Geuer, Paul Geilenberg, Andreas Grieser, Isabel Gudd, Julia Hansel, Antonia Heinrich, Ronja Hellebrandt, Hannah Heukeroth, Laura Jacobson, Sinja Jessberger, Jennifer Klack, Melanie Laskowski, Clara Laufenberg, Dominik Lauinger, Valerie Liebers, Katharina Lilienthal, Rose Link, Foo Low, Florian Kämpf, Jannis Keuerleber, Miranda Kiefer, Jonas Klingberg, Mathilda Knoblauch, Anna Ko, Julian Kramp, Andrea Kreisel, Johanna Lamprecht, Helias Mackay, Nura Mahmalat, Johanna Mayrshofer, Nikolas Middelmann, Tobias Möller-Hahlbrock, Lorenz Mrohs, Julia Muhsal, Matthias Niedermann, Martin Pawelkiwitz, Laurenz Pfaff, Matthias Pfrogner, Anselm Prechtl, Constantin Reuter, David Richardoz, Verena Schusser, Josephine Schütt, Amelie Scupin, Sarah Sock, Rahel Steffen, Rachel Steinmetz, Matthias Tamm, Carla Tenthoff, Christine Teuchert, Olaf Tittel, Philine Töpper, Friedemann Uhl, Richard Ulrich, Nikolas von Kameke, Anna-Lena Weidemann, Christiane Weinberg, Shaya Werner, Clara Wicharz, Klara Zepp, Mara Zöller.

Die Buchreihe verdankt ihre das Kunstwerk ins Zentrum rückende Gestaltung dem Grafiker Frank Schubert. Birgit Bockemühl stand uns mit Rat und Tat zur Seite und war insbesondere bei der Klärung schwieriger Textstellen und deren Umformulierung eine unschätzbare Hilfe. Der Künstlerin Anke von Loewensprung verdanken wir nicht nur eine intensive Mitarbeit an der Überarbeitung des Textes, sondern auch einen ersten grafischen Entwurf dieses Bandes.

Silke Kirch sei Dank für ihre Anmerkungen, die zu einer Verbesserung des Textes geführt haben, sowie ihr aufmerksames Lektorat und Christoph Steinrücken für das umsichtige Marketing. Nicht zuletzt sei den Verlagsleitern Jens Heisterkamp und Ramon Brüll für ihre Unterstützung und ihren Glauben an dieses herausfordernde Projekt gedankt.

Zudem danken wir den im Folgenden genannten Förderern, durch deren großzügige Förderung die Drucklegung dieser Buchreihe ermöglicht wurde:

universität Witten/Herdecke
Fakultät für Kulturreflexion
- Studium fundamentale

wittener universitätsgesellschaft

GLS Treuhand

IBAM
Integriertes Begleitstudium
Anthroposophische Medizin
Universität Witten/Herdecke

Werner Richard-
Dr. Carl Dörken
Stiftung

KUNST SEHEN Die Edition

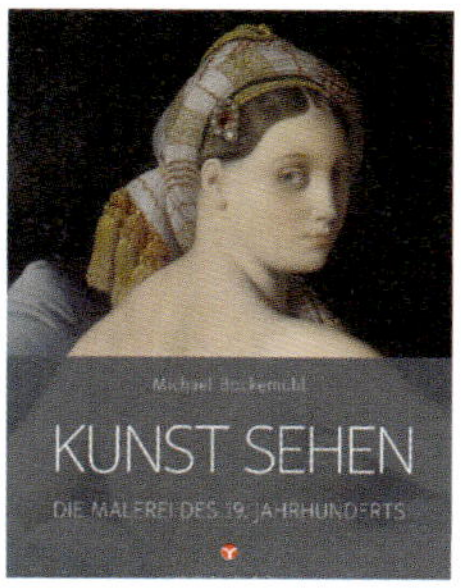

Band 1
Die Malerei des
19. Jahrhunderts

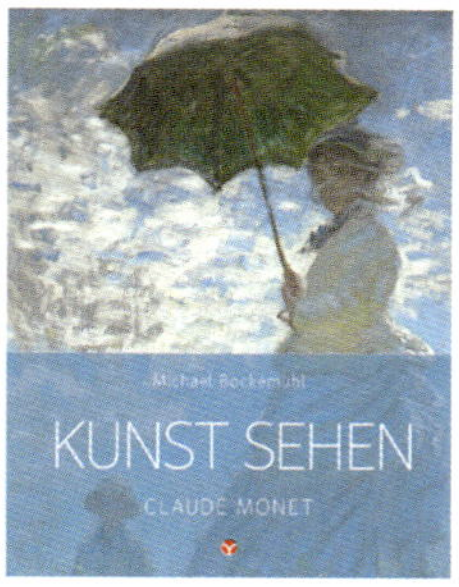

Band 2
Claude Monet

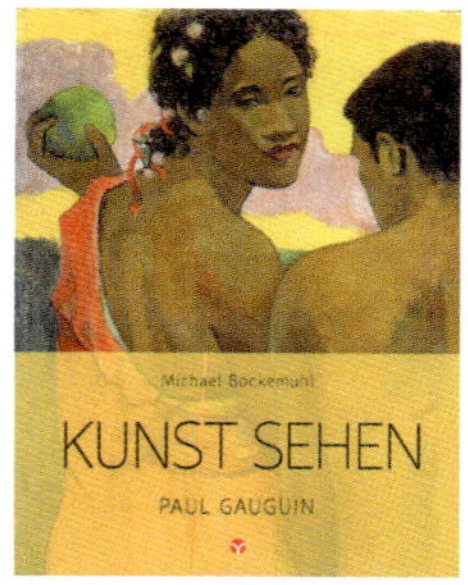

Band 3
Paul Gauguin

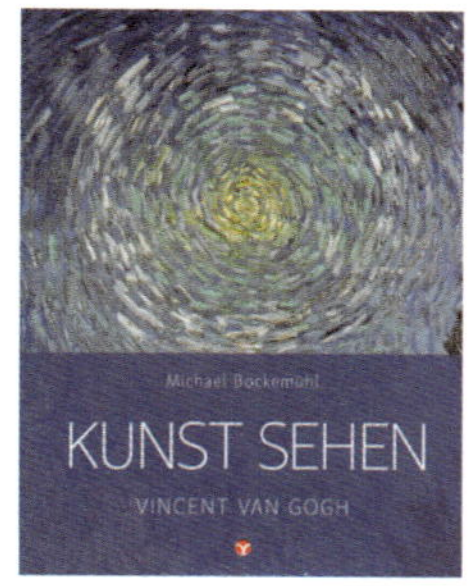

Band 4
Van Gogh

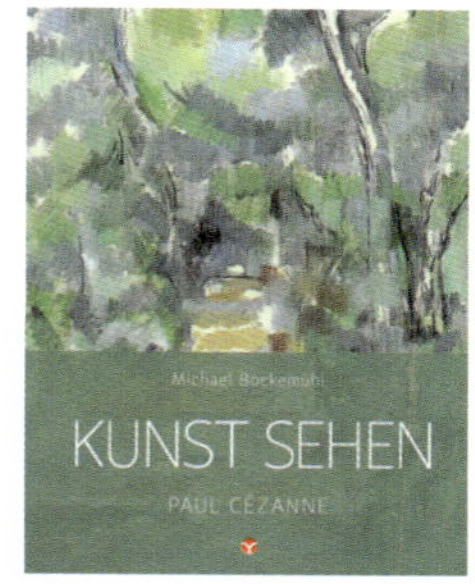

Band 5
Paul Cézanne

Band 6
Pablo Picasso

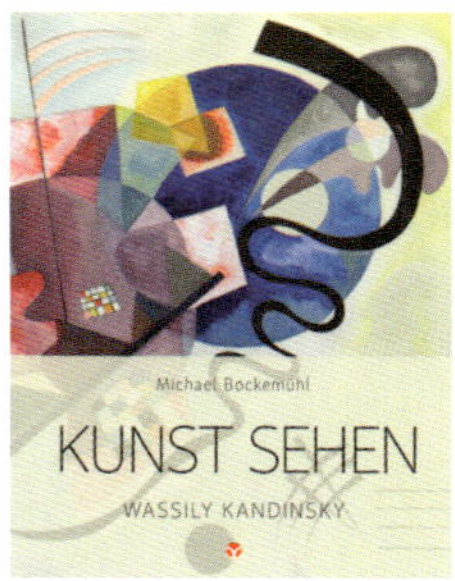

Band 7
Wassily Kandinsky

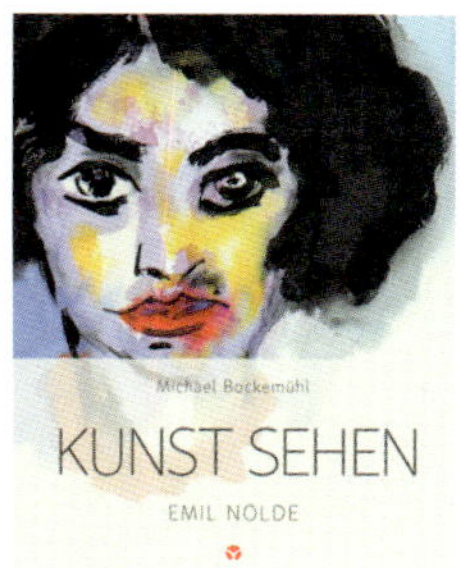

Band 8
Emil Nolde

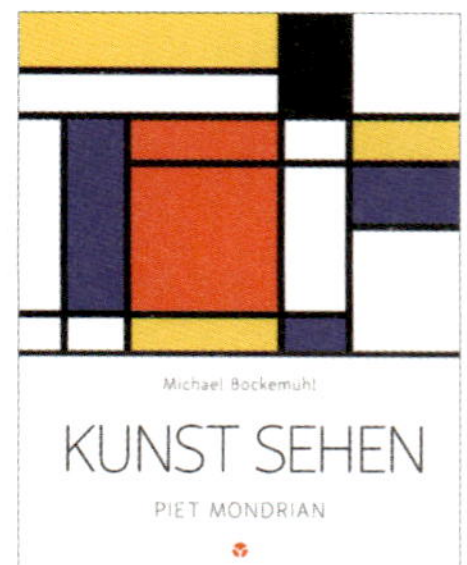

Band 9
Piet Mondrian

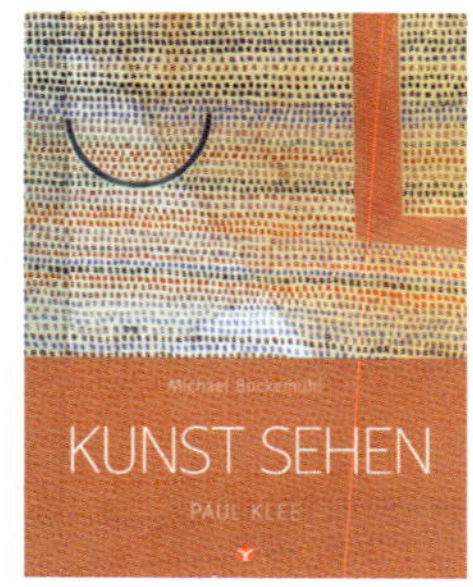

Band 10
Paul Klee

Band 11
Salvador Dalí

Band 12
Ad Reinhardt,
Marc Rothko,
Barnett Newman

Band 13
Francis Bacon /
Cy Twombly

Band 14
Joseph Beuys

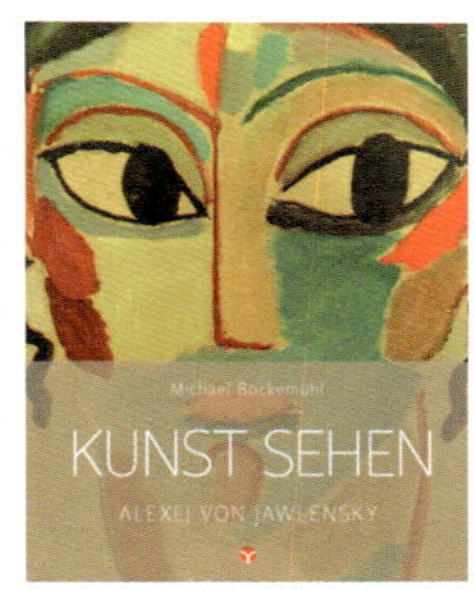

Band 15
Alexej von Jawlensky

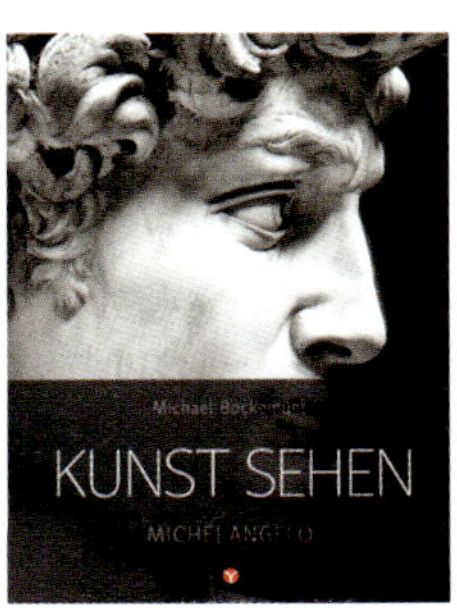

Band 16
Michelangelo

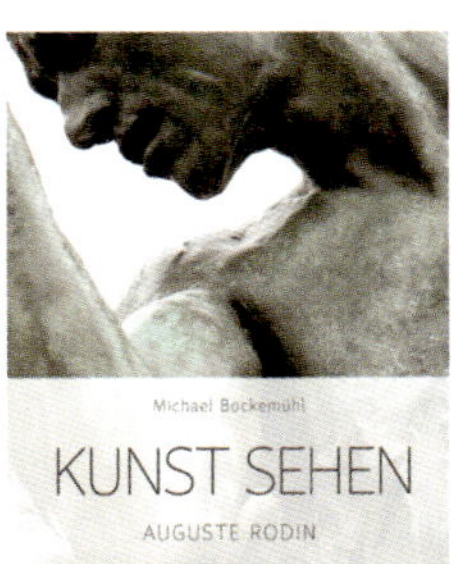

Band 17
Auguste Rodin

Band 18
Hans Arp

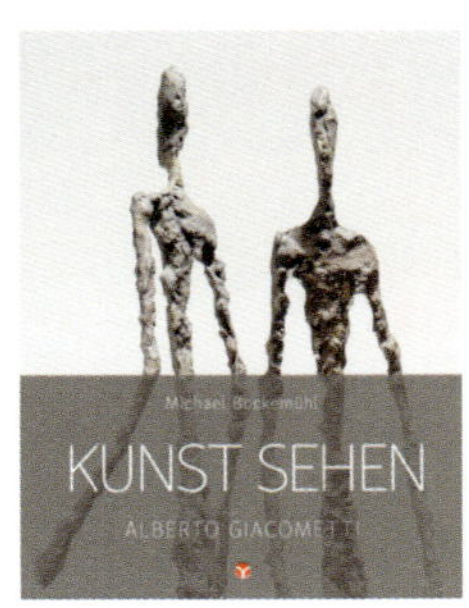

Band 19
Alberto Giacometti

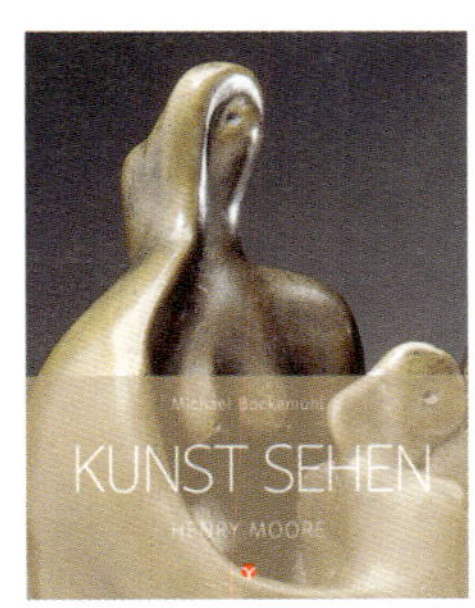

Band 20
Henry Moore

Voraussichtlicher Abschluss der Edition: 2021
Einzelbände für € 16,80
Im Abonnement für € 14,80
Infos unter:
www.info3.de/kunst-sehen
www.kunst-sehen.com

INFO3 VERLAG

IMPRESSUM

Bibliographische Information der Deutschen Nationalbibliothek:
Die Deutsche Nationalbibliothek verzeichnet diese
Publikation in der Deutschen Nationalbibliographie;
detaillierte bibliographische Daten sind im Internet über
http://dnb.ddb.de abrufbar.

ISBN 978-3-95779-067-5

Erste Auflage 2018

Typographie, Satz und Umschlag:
Frank Schubert, Frankfurt am Main unter Verwendung einer
Detailabbildung des Gemäldes Paul Cézanne, Unterholz (Weg vom
Gehöft Mas Jolie zum Château noir), 1900–1902

Druck und Bindung: Dilling Printmedien, Kreuztal

INFO3 VERLAG

Kirchgartenstr. 1, 60439 Frankfurt
Tel. 069-57 000 892, Fax +49-69-58 46 16
vertrieb@info3.de

WWW.INFO3.DE

HERAUSGEBER:
David v. Hornemann Laer
Fakultät für Kulturreflexion
Universität Witten/Herdecke
Alfred-Herrhausen-Str. 50, 58448 Witten
eMail: david.hornemannvonlaer@uni-wh.de
www.kunst-sehen.com